Dirk Schmidt

PAUL
DER MOTIVATOR

Die besten Tipps
für tägliche Erfolgserlebnisse

amade
VERLAG

**WAS IMMER DU TUN KANNST
ODER WOVON DU TRÄUMST,
FANG DAMIT AN.
MUT HAT GENIE, KRAFT
UND ZAUBER IN SICH.**

Johann Wolfgang von Goethe

Inhalt

Kapitel 1: Einleitung

Kapitel 2: Ein optimaler Start in den Tag

Kapitel 3: Meine Gedanken bestimmen mein Leben

Kapitel 10: In der Komfortzone lässt es sich komfortabel leben

Kapitel 11: Mein innerer Schweinehund

Kapitel 12: Ich lebe ohne Sorgen

Kapitel 13: Pauls Tagebücher

Kapitel 14: Was ich noch zu sagen hätte

Vorwort von »Fitnesspapst« Dr. med. Ulrich Strunz

Wer kennt sie nicht, die kleinen »Baustellen«, die man im Alltag gern mal so vor sich herschiebt: den unbeantworteten Brief eines guten, aber schon zu lange vernachlässigten Freundes, den Stapel unerledigten Papierwusts auf dem Schreibtisch, den überfüllten Kleiderschrank oder Keller, den man längst ausmisten wollte, die schon länger nicht mehr regelmäßig benutzten Sportschuhe und den damit vernachlässigten Kampf gegen das eine oder andere Pölsterchen, das unangenehme Gespräch mit dem Chef, die wichtige Entscheidung, die man schon lange mit sich herumträgt …

Und wir alle kennen die Entschuldigungen, die man findet, um sich diesen Problemen nicht stellen zu müssen: Es ist nicht der passende Zeitpunkt, ich habe im Moment so viel anderes zu tun …

Aber je länger man das Tätigwerden hinausschiebt, desto größer wird die Zahl der unerledigten »Baustellen« und die eigene Unzufriedenheit wächst. Dies führt zu zusätzlichen Belastungen, Stress und Frust im ohnehin oft schon schwierigen Alltag.

Als Dirk Schmidt mir sein Manuskript übersandte und mich bat, ein Vorwort zu schreiben, sagte ich spontan zu. Ich lernte ihn bei einem Besuch in meiner Praxis als Marathonläufer kennen und war sofort von seinem positiven, gewinnenden Wesen, seinem Optimismus und Enthusiasmus begeistert. Mittlerweile verbindet uns eine langjährige Freundschaft und das gemeinsame Bestreben, den Menschen aus ihrem tristen Alltag herauszuhelfen, in ihnen den Spaß am Leben zu wecken und ihnen so ein positives Lebensgefühl zu vermitteln. Lassen Sie sich anstecken von der Kraft und Energie des Tigers. Den ersten Schritt haben Sie bereits getan, indem Sie in diesem Buch lesen. Gehen Sie auch den zweiten Schritt. Ein gesundes und glücklicheres Leben wartet auf Sie.

Viel Erfolg dabei wünscht Ihnen
Ihr Ulrich Strunz

Vorwort des Autors

Der englische Dichter Joseph Addison meint: ***»Lesen ist für den Geist das, was Gymnastik für den Körper ist.«***

Viele von Ihnen kennen mich in der Tat nur als Seminartrainer, der vor Ihnen »herumturnt« und sein Wissen ausbreitet. Immer öfter wurde die Bitte an mich herangetragen, dieses Wissen auch in gedruckter Form einem möglichst breiten Publikum zugänglich zu machen. Ich habe lange überlegt, weil mein Thema sich nicht so einfach in Worte kleiden lässt, wie es auf der Bühne den Anschein hat. Leben ist Bewegung und das lässt sich noch immer am besten in einem Seminar erLEBEN. Dennoch wage ich jetzt den Spagat zwischen Altbewährtem und Neuem und freue mich, Sie nun auch als meine Leser begrüßen zu dürfen.

Ich habe in diesem Werk die wichtigsten Aussagen aus meinen Seminaren zusammengefasst und mich dabei auf das Wesentliche konzentriert. Das war auch bitter nötig. Ich wollte kein Kompendium für die Ewigkeit schaffen, sondern in einfachen Worten, untermalt mit vielen Beispielen, kurze und prägnante Eindrücke vermitteln, damit Sie sich schnell auf den neuesten Stand bringen können.

Meine Anregungen sollen Sie auf Ihrem Weg zum Erfolg begleiten. Wobei ich den Begriff des Erfolgs nicht auf »mein Haus, mein Auto, meine Jacht« reduziere. Ich schließe mich der Definition des amerikanischen Philosophen Ralph Waldo Emerson an:

»Oft und viel lachen; die Achtung intelligenter Menschen und die Zuneigung von Kindern gewinnen; die Anerkennung aufrichtiger Kritiker verdienen und den Verrat falscher Freunde ertragen; Schönheit bewundern, in anderen das Beste finden; die Welt ein wenig besser verlassen, ob durch ein gesundes Kind, ein Stückchen Garten oder einen kleinen Beitrag zur Verbesserung der Gesellschaft; wissen, dass wenigstens das Leben eines anderen Menschen leichter war, weil du gelebt hast. Das bedeutet, nicht umsonst gelebt zu haben.«

Übrigens, dieses Buch ist kein Bildband, sondern eine Arbeitshilfe. Mit anderen Worten: Nutzen Sie es, lesen Sie, schreiben Sie darin, notieren Sie Ihre Einfälle und markieren Sie mit einem Textmarker wichtige Stellen. Kurzum: Nutzen Sie es als Arbeitsbuch. Dann werden Sie Ihre Ziele und Ihren Erfolg noch schneller erreichen.

Am Ende eines jeden Kapitels finden Sie einen grauen Punkt. Ich nenne ihn »Punktgenau«. Wie der Name schon sagt, bringe ich damit die Quintessenz aus dem Kapitel auf den Punkt. Das soll Sie aber nicht davon abhalten, das ganze Kapitel zu lesen. Aus Gründen der besseren Lesbarkeit verwende ich übrigens nur männliche Substantivformen, darüber hinaus hat das keine Bedeutung.

Nun wünsche ich Ihnen beREICHernde Erkenntnisse beim Lesen und Anwenden.

Es grüßt Sie herzlichst

Ihr Dirk Paul Schmidt

Düsseldorf, im Sommer 2024
www.dirkschmidt.com

KAPITEL 1

EINLEITUNG

Aller Eifer, etwas zu erreichen, nutzt freilich gar nichts,
wenn du das Mittel nicht kennst,
das dich zum erstrebten Ziel trägt und leitet.

Cicero

1.01 Hallo, ich bin Paul

In der fünfteiligen Serie »Der Motivator« zeigte mich ein großer deutscher Fernsehsender in Aktion. Ob ein Fußballverein, der niemals gewinnt, ein Langzeit-Single, der keine Freundin findet, oder die Chaos-WG, sie alle hatten ein Problem. Ihre Gedanken kreisten unabänderlich um dieses Problem, ohne es wirklich zu lösen. In Zusammenarbeit mit dem TV-Sender nahm ich mich dieser Probleme an. Die Zuschauer konnten in fünf Beiträgen verfolgen, wie ich den Betroffenen bei der Lösung ihrer Probleme half. Wir suchten nach der Ursache, erarbeiteten Lösungsvorschläge und entwickelten Strategien zur Zielerreichung. Obwohl die Probleme unterschiedlicher nicht sein konnten, stellte ich bei den Betroffenen dennoch viele Gemeinsamkeiten fest. Das war die Geburtsstunde zu diesem Buch »Paul der Motivator«. Der Name ist nicht rein zufällig entstanden, sondern Teil meines Namens Dirk Paul Schmidt.

Paul ist das Gegenteil von unserem »inneren Schweinehund«. Pauls Denken und Handeln sind im Gegensatz dazu lösungs- und zielorientiert. Er ist der geborene Optimist. Paul gibt niemals auf, getreu seinem Motto: ***»Du musst immer einmal mehr aufstehen, als du hingefallen bist.«*** Selbst in ausweglosen Situationen findet er immer wieder die richtige Lösung. Paul zeigt den Menschen, wie sie glücklicher und gelassener ihren Tagesablauf gestalten können. Paul gibt konkrete Tipps, wie sie mit Problemen, Stress und Niederlagen besser umgehen können.

Paul ist der »Tiger« in unserem Herzen, *der die Begeisterung und das Glück in unserem Leben erhöht. Er ist stets gut gelaunt und hoch motiviert. Seine herzliche Art rüttelt jeden Menschen wach und fordert ihn zum eigenen Handeln auf.*

Für Paul steht nicht die schnelle »Hau-ruck-Methode« im Vordergrund. Sein Bestreben zielt auf eine nachhaltige und langfristige Verhaltensänderung. Das geht nur, indem die angestrebten Ziele in den Übungen auch erfahrbar gemacht werden. Nicht nur auf der sogenannten kognitiven Ebene, sondern vor allem auch körperlich und emotional. Paul lässt Sie einen Vertrag mit sich selbst schließen. In diesem Vertrag werden Ziele und die Schritte zur Zielerreichung fixiert. Für den Vertrag wird zusätzlich ein Mentor oder Pate benannt, der Sie in Ihren Bemühungen unterstützt.

Ob Lösung eines konkreten Problems, private oder berufliche Umorientierung, Leistungssteigerung, neue Aufgaben, Suche nach Perspektiven; Paul baut Ihnen eine Brücke. Von der aktuellen Situation zu dem Zustand, den Sie anstreben. Gemeinsam mit Ihnen wandelt er Probleme in positive Ziele um. Sie lernen mit Ihrer Zeit so umzugehen, dass sie Ihnen nicht davonrinnt. Sie erfahren, wie sich schwierige Gespräche stressfrei meistern lassen, wie Sie sich selbst motivieren und wie Sie Ihre selbst gesetzten Grenzen überschreiten können.

Paul sieht seine Aufgabe darin, Menschen bei der Entfaltung ihres vollen Potenzials zu unterstützen. Eigenverantwortlich, aktiv und mit viel Spaß. Sein besonderes Interesse gilt dabei grundlegenden Instrumenten und Strategien, die helfen, das Beste aus den eigenen Fähigkeiten zu entwickeln und die wahren Ziele und Wünsche zu verwirklichen.

Paul hat nur eine Bitte an Sie: Üben Sie sich in Geduld. Bekanntlich ist noch kein Meister vom Himmel gefallen. Alles braucht seine Zeit, bis die ersten Ergebnisse sichtbar werden. Ansonsten könnte Ihnen das passieren, was dem einen Samen passierte:

Es steckten einmal zwei Kirschkerne nebeneinander im Boden. Der erste Kern sprach: »Ich will wachsen! Ich will meine Wurzeln tief in die Erde senden, ich will als kleines Pflänzchen die Erdkruste durchbrechen und dann kräftig wachsen. Ich will meine Blätter entfalten, Blüten treiben und mit ihnen die Ankunft des Frühlings feiern. Ich will die Sonne spüren, mich vom Wind hin- und herwehen lassen und den Morgentau auf mir spüren. Im Herbst möchte ich Menschen mit meinen Früchten beglücken. Ich will die schönsten Kirschen des Landes produzieren. Ich will wachsen!« Und so wuchs der Kirschkern zu einem kräftigen Kirschbaum heran. Der zweite Kern sprach: »Es ist hier so dunkel und so bitterkalt. Ich fürchte mich. Wenn ich meine Wurzeln in den Boden sende, weiß ich nicht, was mich dort in der Tiefe erwartet. Schon jetzt spüre ich viel Wasser an meinen Wurzelenden. Wenn ich wachse, befürchte ich, dass es mir wehtut oder dass mein Stamm Schaden nehmen könnte, wenn ich versuche, die Erdkruste zu durchbrechen. Ich weiß auch nicht, was dort oben über der Erde auf mich lauert. Es kann so viel geschehen, wenn ich wachse. Selbst wenn ich groß und stark bin, kann mich ein einziger Sturm zu Fall bringen. Nein, ich bleibe lieber hier und warte, bis es sicherer ist.« Und so blieb der Kern in der Erde und wartete. Eines Morgens kam eine Maus vorbei und grub ein Loch in den Boden. Dabei störte sie der Kirschkern, den sie daraufhin aus dem Boden kratze. Nun war er seiner Umwelt schutzlos ausgeliefert. In der Gluthitze der Sonne verdörrte er innerhalb weniger Stunden.

Alles in der Natur ist auf Wachstum ausgerichtet. Wer die Zeit anhalten möchte, nicht weiterwachsen möchte, wird untergehen. Das ist die zentrale Botschaft. In diesem Buch wird Paul Ihnen viele Anregungen geben, wie Sie weiterwachsen können, um den Herausforderungen unserer Zeit viel leichter zu begegnen.

Punktgenau

Welches Ziel möchte ich heute erreichen?

PAULS MOTIVATIONSTIPP:

WENN DEIN VERLANGEN GROSS GENUG IST, ETWAS IN DEINEM LEBEN ZU VERÄNDERN, WIRST DU HEUTE DIE KRAFT HABEN, ES ZU TUN.

1.02 Wie nutze ich dieses Buch optimal?

Paul will Sie keinesfalls belehren. Paul ist Ihr persönlicher Coach, der Ihnen dabei hilft, nicht nur Ihr Talent zu entdecken, sondern insbesondere es auch einzusetzen. Sagen ist bekanntlich nicht tun, deshalb ist es so wichtig, dass Sie das Gelernte anwenden, getreu Pauls Motto: ***Nicht warten – starten.***
Es ist ihm besonders wichtig, dass Sie ins Handeln kommen. Die Essenzen aus diesem Buch sind nur etwas wert, wenn Sie in die Hände spucken und das Wissen sofort umsetzen. Dabei kommt es keinesfalls darauf an, alle hier vorgestellten Anregungen umzusetzen. Betrachten Sie dieses Buch als einen Supermarkt der Möglichkeiten. Hier wie dort nehmen Sie nur das, was Ihnen wirklich gefällt. Alles, was ein Supermarkt bietet, kaufen zu wollen, auf diese Idee käme wohl keiner. So ist es auch mit diesem Buch. Es geht nicht um Quantität, sondern ausschließlich um Qualität. Viel wichtiger, als alle Tipps nur halbherzig umzusetzen, ist es, sich den einen oder anderen Tipp herauszupicken und alles daranzusetzen, diesen gewinnbringend einzusetzen. Das meint Paul, wenn er von Qualität spricht. Es ist wie mit den Sonnenstrahlen. Breit gestreut wärmen sie und richten keinen Schaden an. Gebündelt über ein Brennglas bringen sie Holz zum Brennen. Nur in der Konzentration zeigt sich der wahre Meister! Je genauer Sie Ihre Anstrengungen auf ein Ziel ausrichten, desto leichter werden Sie es erreichen.

Stellen Sie sich einen Piloten vor, der mit seiner Maschine in den Himmel abheben will. Er hat nur ein Ziel: die Maschine in die Luft zu bringen. Er wird deshalb kaum auf die Idee kommen, im selben Moment für die Sicherheit der Passagiere zu sorgen und nachzuschauen, ob die Tische hochgeklappt wurden und jeder angeschnallt ist. Auch wird er nach dem Erreichen der Flughöhe wohl kaum den Getränkewagen durch den Gang schieben. Das ist nicht seine Aufgabe. Seine Aufgabe ist es, die Maschine sicher von A nach B zu fliegen. Dieser Aufgabe widmet er sich voll und ganz. Deshalb wird er während des Startvorgangs den Schalthebel auch auf volle Kraft stellen und nicht auf halben Schub, wohl wissend, dass sein Flieger so kaum den »Hintern« hochbekommen würde.

Egal wie die Umstände auch sein mögen, der Pilot wird immer volle Leistung bringen. Selbst die horrenden Treibstoffkosten halten ihn nicht davon ab. Er würde nie auf die Idee kommen, wegen dieser Kosten nur mit halbem Schub zu starten, um Kerosin zu sparen. Schade nur, dass viele diesem Beispiel nicht folgen. In ihrer Euphorie beginnen sie die Dinge oft nur halbherzig und hören bereits auf halbem Weg wieder auf. Nur wer auf »volle Leistung« setzt, kann, wie ein Flugzeug, zu großen Erfolgen aufsteigen.

Das ist auch die zentrale Botschaft dieses Buches: Wenn Sie eine Veränderung bewirken möchten, dann ist es wichtig, dass Sie immer 100 Prozent Leistung bringen.

Punktgenau

Ich lege mir Papier und Bleistift zurecht, um wichtige Gedanken, die mir während des Lesens kommen, aufzuschreiben.

PAULS MOTIVATIONSTIPP:

DAS KLEINE WORT »ICH WILL« IST MÄCHTIG, SPRICHT'S EINER STILL UND LEIS. DIE STERNE REISST'S VOM HIMMEL, DAS KLEINE WORT »ICH WILL.«

Johann Wolfgang von Goethe

1.03 Die 72-Stunden-Regel

»Man kann ein Eisen nur schmieden, solange es heiß ist«, lehrt ein bekanntes Sprichwort. Je länger der Schmied wartet, desto mehr Kraft muss er aufwenden, um sein Ziel zu erreichen. Am Ende wird aber alle Kraft nicht mehr ausreichen, das Eisen zu formen. Mit dem Wissen aus diesem Buch verhält es sich ähnlich. Wenn Sie innerhalb von ***72 Stunden*** nach dem Lesen dieses Buches oder einzelner Kapitel begonnen haben, die Erkenntnisse umzusetzen, haben Sie eine 99-prozentige Chance auf Erfolg. Danach sinkt die Chance rapide, am Ende sogar gegen null.

Es gilt in den ersten drei Tagen so etwas wie einen Grundstein zu legen. Sie allein entscheiden dabei, um welchen Grundstein es sich handelt. Bei dem einen kann es eine Weiterbildung sein, der andere möchte gerne einen neuen Job, ein anderer wiederum träumt seit Jahren von einem Urlaub in Amerika. Nach einer Umfrage[1] des Buchhändlers Amazon lesen 93 Prozent der Deutschen im Urlaub ein Buch. Die Männer allerdings richten ihre Augen lieber auf das Strandgeschehen als auf Bücher. Ein erklärtes Ziel könnte z. B. sein, dass Sie dieses Buch von Anfang bis Ende lesen, egal ob zu Hause oder im Urlaub.

Was auch immer es sein mag, von nichts kommt bekanntlich nichts. Es reicht eben nicht aus, nur zu wünschen. Man muss die Dinge in die Hand neh-

INNERES GLÜCK IST NICHT VON MATERIELLEN UMSTÄNDEN ABHÄNGIG. ES WURZELT IN UNSEREM GEIST.

Dalai Lama

men. Was so einfach und doch so logisch klingt, ist für viele Menschen eine schier unüberwindbare Hürde. Es gehört wohl zu unserem Wesen, sich um bestimmte Dinge so lange zu drücken, bis sie uns erdrücken. Kein Wunder, wenn der Körper rebelliert und sich psychosomatische Probleme einstellen. Statt also zum x-ten Mal irgendetwas von sich zu schieben bzw. aufzuschieben, greift man zum Stift und trägt sich für einen bestimmten Tag im Kalender ein Stichwort ein. Dieses Stichwort steht für die zu erledigende Aufgabe.

Also, was werden Sie als Erstes ins Kalenderblatt eintragen? Was wollen Sie in den nächsten Tagen unbedingt in Angriff nehmen? Was immer es ist: Beginnen Sie innerhalb von 72 Stunden, Ihre Pläne in die Tat umzusetzen. Übrigens, bei Eurodisney, dem Freizeitpark von Walt Disney in Paris, werden neue Mitarbeiter drei Tage (also 72 Stunden) eingewiesen, selbst wenn der Job nur vier Wochen dauert. Womit einmal mehr bewiesen ist, dass die ersten drei Tage die wichtigsten sind.

Punktgenau

Was werden Sie in den nächsten 72 Stunden konkret anfangen?

PAULS MOTIVATIONSTIPP:

ZEIT IST GELD – DARUM NUTZE DIE ZEIT.

KAPITEL 2

EIN OPTIMALER START IN DEN TAG

Erfolgreich zu sein, setzt zwei Dinge voraus:
klare Ziele zu haben und den brennenden Wunsch,
sie zu erreichen.

Johann Wolfgang von Goethe

2.01 Aller Anfang geht mit

»Jeder Tag ist ein kleines Leben, jedes Erwachen und Aufstehen eine kleine Geburt, jeder frische Morgen eine kleine Jugend«, *sagte Arthur Schopenhauer. Mit jedem Aufwachen beginnt ein neues Leben. Was gestern war, ist für immer vorbei, was morgen kommt, ist Fiktion. Sie können keine einzige Sekunde zurückholen, keine Sekunde vorleben. Die Tür zum Gestern ist endgültig geschlossen, die zum Morgen noch verschlossen. Alles Jammern über verlorene Chancen bringt Sie keinen Schritt weiter. Jetzt ist der richtige Augenblick, Ihr Leben zu verändern. Seien wir ehrlich: Was haben Sie sich nicht schon alles in die Hand versprochen? Was haben Sie davon tatsächlich getan bzw. umgesetzt? Es gibt keine Meisterschaft im Aufstellen von Vorsätzen, und das ist auch gut so. Es ist besser, nur einen Vorsatz für den Tag zu fassen und diesen auch umzusetzen, als zehn Vorsätze zu fassen, von denen nicht einer umgesetzt wird. Dabei müssen es weder heroische Vorsätze noch besondere oder ausgefallene Ziele sein. Schon der Wunsch, morgens fünf Minuten eher aufzustehen, um sich körperlich zu betätigen, ist ein einfaches, aber wirkungsvolles Ziel. Vor allen Dingen ist es ein Ziel, das auch erreichbar ist. Nicht erreichte Ziele bauen in uns das Gefühl des Versagens auf, und das ist alles andere als förderlich. Also setzen Sie sich nur ein Tagesziel, das Sie an diesem Tag auch wirklich erreichen können und wollen. Jedes erreichte Ziel wird Ihr Selbstbewusstsein stärken.*

Im Buddhismus erzählt man sich immer wieder eine Geschichte, die ausdrückt, wie wichtig das Leben im Hier und Jetzt ist. Einige Schüler gingen zu ihrem Meister. Sie wollten wissen, warum er immer so glücklich, zufrieden und ausgeglichen sei. Sie wären gern so wie er. Der Meister sagte zu ihnen: »Wenn ich liege, dann liege ich. Wenn ich aufstehe, dann stehe ich auf. Wenn ich gehe, dann gehe ich. Wenn ich mich setze, dann setze ich mich. Wenn ich esse und trinke, dann esse und trinke ich.« Die Schüler schauten sich verdutzt an, weil sie mit dieser Antwort nichts anfangen konnten. Einer nahm seinen ganzen Mut zusammen und sagte zum Meister: »Meister, was du sagst, tun wir auch. Wir schlafen, gehen, essen und trinken. Doch wir sind nicht glücklich. Was also ist dein Geheimnis?« Der Meister wiederholte das soeben Gesagte. Über diese Antwort waren die Schüler leicht verärgert. Sie waren im Begriff zu gehen, als der Meister sagte: »Sicher liegt auch ihr und ihr geht auch und ihr esst und trinkt auch. Aber während ihr liegt, denkt ihr schon ans Aufstehen. Während ihr aufsteht, überlegt ihr, wohin ihr geht, und während ihr geht, fragt ihr euch, was ihr essen und trinken werdet. So sind eure Gedanken ständig woanders und nicht da, wo ihr gerade seid. Das Leben findet immer nur im Jetzt statt. Lasst euch auf diesen Augenblick ganz ein und ihr habt die Chance, wirklich glücklich und zufrieden zu sein.«

Punktgenau

Mit welchen positiven Gedanken werde ich ab sofort den Tag beginnen?

PAULS MOTIVATIONSTIPP:

WENN DEIN VERLANGEN GROSS GENUG IST, ETWAS IN DEINEM LEBEN ZU VERÄNDERN, WIRST DU HEUTE DIE KRAFT HABEN, ES ZU TUN.

2.02 Starten Sie mit einem Lächeln in den Tag

Wie auch immer Sie die Nacht verbracht haben, ob Sie gut oder schlecht geschlafen haben oder ob Sie sprichwörtlich mit dem falschen Bein aufgestanden sind, begrüßen Sie sich morgens im Spiegel mit einem Lächeln. Ihr Gehirn reagiert sofort und schüttet Wohlfühlhormone aus. Sie fühlen sich gleich besser. Je mehr Sie lächeln, desto entspannter werden Sie. Kein Wunder. Ein ernstes Gesicht aktiviert 65 Muskeln, ein lächelndes nur zehn. Sie sehen, Überanstrengung lohnt nicht. Allein das Hochziehen der Mundwinkel wirkt sich positiv auf die Gesundheit aus. Schon auf eine einzige Lachminute folgt eine Körperentspannung von 45 Minuten. Sogenannte »Lachexperten« (Sie lachen, aber es gibt Wissenschaftler, die sich mit dem Phänomen des Lachens berufsbedingt beschäftigen) empfehlen, jeden Tag mindestens 15 Minuten zu lachen, weil dadurch auch das Immunsystem angeregt wird. Antikörper, die der Körper zum Schutz vor Bakterien und Viren braucht, werden neu gebildet. Lachen hat also mindestens drei positive Auswirkungen auf den menschlichen Körper: Die Abwehrkräfte werden gestärkt, der Stresspegel sinkt und zudem bringt der Hormonschub Glücksgefühle. Wer das Leben von der heiteren Seite sieht, findet genügend Möglichkeiten, einmal mehr zu lachen. So lache ich auch an verregneten Tagen, weil ich weiß, dass es auch dann regnet, wenn ich mich darüber aufrege. Das ist dem Regen so etwas von egal. Ich habe festgestellt, dass alles ein wenig leichter geht, wenn ich diese Regentage und andere »unangenehme« Dinge mit Humor nehme.

PAULS MOTIVATIONSTIPP:

EIN LACHEN IST DIE KÜRZESTE VERBINDUNG ZWISCHEN ZWEI MENSCHEN.

»Lächle und die Welt lächelt zurück«, *lehrt eine Redensart. Das mögen die ach so aufgeklärten Menschen unserer Zeit nicht wirklich glauben. Sie können sich nicht vorstellen, dass die Gesetze zwischenmenschlicher Kommunikation so einfach funktionieren sollen. Wenn auch Sie zu diesen Zweiflern gehören, empfehle ich Ihnen einen Urlaub in den Bergen. Wenn Sie ganz allein sind, dann schreien Sie doch lautstark einige Botschaften in Richtung Berg, wie z. B. »Du bist ein Blödmann!« oder »Du bist ein Versager!« oder »Das schaffst du nicht!«. Müßig zu fragen, wie das Echo klingen wird, oder? Es bedarf erst einer solchen Übung, um sich klarzumachen, dass wir immer das bekommen, was wir aussenden, gleichgültig, ob es uns gefällt oder nicht. Wenn Sie wollen, dass die Menschen freundlich zu Ihnen sind, dann seien Sie freundlich zu den Menschen. Lächeln Sie, und das Echo wird nicht lange auf sich warten lassen. Natürlich funktioniert die »Echo-Übung« auch in die andere Richtung:*

»Ich gebe mein Bestes!«,
»Ich mag mich!«,
»Heute ist mein bester Tag!«

Punktgenau

Wie oft habe ich heute schon gelacht?

2.03 Don't worry, be happy

Kennen Sie die negative Botschaft »Das schaffst du nicht«, die uns von Kindesbeinen an mit auf den Weg gegeben wird? Ein Leben lang hören wir, dass wir noch zu klein, zu unwissend, zu dämlich etc. sind. Kein Wunder, dass die meisten Menschen Angst vor ihrer eigenen Courage haben und buchstäblich erfolglos dahinvegetieren. Wenn auch Sie zu den Menschen gehören, die tagein, tagaus das Gefühl haben, Erfolg habe nur etwas mit Glück zu tun und nicht mit der richtigen Einstellung, irren Sie gewaltig. Glück hat die gleiche Sprachwurzel wie gelingen. Mit anderen Worten: Nur dann, wenn Sie etwas tun, können Sie Ihr Leben dauerhaft zum Positiven verändern. Viele Menschen suchen heute das Glück weniger im Tun als im passiven Konsumieren, und da ist es schwer zu finden. Schon in der Bibel lesen wir: ***»... wenn ihr nicht umkehrt und werdet wie die Kinder.«*** Als Erwachsene haben wir die Leichtigkeit des Kindseins vergessen und uns in Abhängigkeiten geflüchtet, die krank machen. Mehr denn je gilt, so wie die Kinder durch spielerische Aktivitäten herauszufinden, was uns wirklich wichtig ist und Spaß macht. Denn Spaß ist das Tor zum Freisein und damit zu vielen Glücksmomenten. Wir sind heute so konditioniert, dass alles, was Spaß macht, nur am Wochenende stattzufinden hat. Unter der Woche haben wir mit ernster Mine unseren Pflichten nachzugehen. Wer sich so verhält, wird sein Leben nicht genießen können. Eine Studie des University College London kommt zu dem Ergebnis, dass Menschen, die glücklich sind, einen höheren Gehalt an körpereigenen »Schlüsselhormonen« haben als diejenigen, die weniger positiv durchs Leben gehen. Danach haben glückliche Leute ein gesünderes Herz-Kreislauf-System und sogar ein geringeres Risiko, an Diabetes zu erkranken. Beschließen Sie, dass der heutige Tag ein glücklicher Tag für Sie wird. Ihre Gesundheit dankt es Ihnen.

Ein Cowboy saß mit seinem Sohn am Lagerfeuer. Verträumt schauten sie in den Sternenhimmel, das Feuer knisterte und in der Ferne hörte man das laute Heulen der Kojoten. Nach einer Weile sagte der Vater zu seinem Sohn: »Weißt du, wie ich mich an manchen Tagen fühle? Es ist, als ob da zwei Kojoten in meinem Herzen permanent kämpfen würden. Der eine von ihnen ist grantig, rachsüchtig, aggressiv und hinterhältig. Der andere hingegen ist liebevoll, sanft, ruhig und mitfühlend.« Der Sohn fragte: »Welcher der beiden gewinnt den Kampf um dein Herz?« – »Der Kojote, den ich füttere«, antwortete der Vater und trank seinen Kaffee.

Punktgenau

Welche lebensbejahenden Gedanken habe ich für den heutigen Tag?

PAULS MOTIVATIONSTIPP:

GLÜCK KOMMT VON GELINGEN, DESHALB HILFT DAS GLÜCK DEM TÜCHTIGEN.

2.04 So verändere ich meine schlechte Stimmung

»Und der Clown, der muss lachen, auch wenn ihm zum Weinen ist, und das Publikum sieht nicht, dass eine Träne fließt«, heißt es in dem Lied »Theater« von Katja Ebstein. Der Clown als Synonym für den ewig gut gelaunten, immer glücklichen und lachenden Menschen. Das allerdings ist in der Tat nur Theater. Den ewig glücklichen Menschen gibt es im realen Leben nicht. Stimmungsschwankungen gehören zum Leben wie die tägliche Morgenhygiene. Gründe dafür gibt es Tausende. Die Angst vor einem klärenden Gespräch oder eine bevorstehende Prüfung kann unsere Gefühle genauso durcheinanderwirbeln wie neue Herausforderungen. Leben heißt Veränderung. Nur was sich verändert, kann sich entwickeln. Kein Mensch würde auf die Idee kommen, abgestandenes Wasser zum Kaffeekochen zu benutzen. Nur fließendes Wasser ist frisch. Veränderungen sichern unser Überleben. Während Sie diese Zeilen lesen, sterben Milliarden von Zellen in Ihrem Körper, die sofort durch neue ersetzt werden. Das sichert Ihnen ein Leben bis ins hohe Alter. Aber auch die veränderten Lebensbedingungen tragen dazu bei. Hätten die Menschen Anfang des letzten Jahrhunderts den technischen Fortschritt für beendet erklärt, gäbe es heute wohl kaum ein Handy. Und doch gibt es Menschen, die wollen keine Veränderungen, sie wollen, dass alles so bleibt, wie es ist. So auch der Leiter eines US-Patentamtes, C. H. Duell, der 1899 meinte: »Alles, was erfunden werden kann, ist erfunden worden.« Wir wissen, dass er nicht recht hatte. Dass es uns heute so gut geht, ist das Ergebnis eines dynamischen, sich ständig verändernden Prozesses. Ohne diesen Prozess sähe die Welt viel schlechter aus. Dennoch haben wir alle mehr oder weniger Angst vor Veränderungen, auch wenn wir diese durchaus als positiv empfinden. Es ist wichtig, dass Sie sich diesem Prozess stellen, indem Sie Ihre Sorgen und Ängste ernst nehmen, statt sie zu unterdrücken. Unterdrückte Sorgen gleichen einem unter Dampf stehenden Kessel, dessen Deckel fest verschraubt ist. Irgendwann ist der Druck so groß, dass einem der Kessel buchstäblich um die Ohren fliegt. So weit darf es nie kommen. Durch konstruktive Aktivitäten lässt sich ein Gegengewicht aufbauen, um Ängste und Sorgen zu überwinden. Oft sind es die einfachsten Dinge, die die größte Wirkung zeigen. Wenn auch Sie, aus

PAULS MOTIVATIONSTIPP:

welchen Gründen auch immer, wieder einmal Trübsal blasen, dann gehen Sie ins Licht! Nutzen Sie insbesondere das natürliche Licht, wann immer Sie die Möglichkeit dazu haben. Wenn Sie sich schlapp, abgeschlagen und müde fühlen, sollten Sie sich viel an der frischen Luft bewegen, auch wenn das Wetter, wie so oft, nicht mitspielt. Merke: Es gibt kein schlechtes Wetter, sondern nur die falsche Kleidung! Selbst an dunklen Wintertagen strahlt die Sonne mit bis zu 1500 Lux durch die Wolkendecke. In Ihrer Wohnung beträgt die durchschnittliche Lichtintensität nur 500 Lux. BeWEGung ist der beste WEG zu mehr Leichtigkeit und positiver Lebenseinstellung. Zu dieser Erkenntnis gelangen immer mehr Forscher. In einer US-Studie der Duke-Universität haben die Wissenschaftler sogar festgestellt, dass regelmäßiger Sport das beste Mittel gegen trübe Gedanken ist.[2] Wer bisher tatenlos mit Bier und Chips in der Hand die Fernsehabende verbrachte, findet selten den richtigen inneren Antrieb, etwas zu verändern. In diesen Fällen empfehle ich gern, sich einen Hund anzuschaffen. Hunde zwingen Sie zum Handeln, spätestens dann, wenn Gassi gehen angesagt ist. In solchen Momenten gibt es keine Ausreden mehr. Dadurch helfen Haustiere, Stress abzubauen. So nebenbei tun sie dann sogar etwas für Ihren Körper, wie eine Studie mit NASA-Mitarbeitern gezeigt hat. Spaziergänge mit dem Hund haben nämlich einen entscheidenden Einfluss auf die Figur. Die Hundebesitzer sind schlanker und gesünder als die Kollegen, die keinen vierbeinigen Freund haben.

Oder Sie probieren es mit Nordic Walking, wenn es mit einem Hund aufgrund bestimmter Räumlichkeiten eher problematisch ist. Diese Art der Fortbewegung ist, wenn man so will, die neue Zauberformel für Ausdauer, Gesundheit und eine Topfigur. Sie trägt zur Gewichtsreduzierung bei, fördert die Durchblutung, stärkt das Herz-Kreislauf-System und die körpereigenen Abwehrkräfte. Keine andere Sportart aktiviert mehr Muskeln. Beim Radfahren werden nur 35 Prozent der Muskeln trainiert, beim Joggen ist es bereits die doppelte Menge und beim Nordic Walking werden rund 90 Prozent aller Muskeln bewegt, das sind rund 700! Diese Sportart ist nicht nur wegen ihrer

FROH ZU SEIN, BEDARF ES WENIG, UND WER FROH IST, IST EIN KÖNIG.

Effektivität empfehlenswert, sondern insbesondere auch wegen der Einfachheit und der Schnelligkeit. Nordic Walking bringt den Körper in kürzester Zeit in Bestform ohne große Anstrengung.

Bewegung ist überdies ein Turbolader fürs Gehirn. Zu diesem Ergebnis kommt der renommierte Kardiologe Prof. Dr. Wildor Hollmann vom Kölner Institut für Kreislaufforschung und Sportmedizin in einer Studie.[3] Hierzu lud er Probanden zu kognitiven Tests ein, ließ sie vier Monate dreimal wöchentlich walken und überprüfte anschließend erneut die Leistungsfähigkeit ihres Gehirns. Das Ergebnis war verblüffend. Sie hatten sich um 50 Prozent verbessert. Die Erklärung: Wer sich bewegt, schickt 100 Prozent mehr Sauerstoff ins Gehirn als unbewegliche Menschen. Bewegung lässt sogar neue Gehirnzellen wachsen und verstärkt so das neuronale Netz, die sogenannte Datenautobahn, im Kopf. Die Studie bewies auch, dass die Anzahl der Blutgefäße zunimmt, das Gehirn besser durchblutet wird und Fettablagerungen in den Hirngefäßen verschwinden. Dreimal 30 bis 60 Minuten Sport die Woche garantieren optimalen Datentransfer, das Gehirn ist hoch motiviert.

Wer seit Jahren keinen Sport getrieben hat, wird sich selten mit Begeisterung an etwas Neues, Unbekanntes heranwagen. Wer aber nicht an Herzverfettung, Depressionen oder Bluthochdruck erkranken will, muss sich bewegen. Dabei reicht es nicht, nur anzufangen, man muss auch durchhalten. Deshalb ist es wichtig, dass Sie Ihr Verhalten so lange trainieren, bis es Ihnen gewissermaßen ins Blut übergeht. Neueste wissenschaftliche Studien besagen, dass eine Tätigkeit zur Gewohnheit wird, wenn wir sie 21 Tage lang wiederholt haben. Dabei ist es sehr wichtig, dass Sie Ihre Fortschritte und Ihre Gefühle täglich niederschreiben. So haben Sie eine realistische Chance, dass auch Ihr Unterbewusstsein an diesem Schöpfungsprozess beteiligt ist. Je mehr Sie Ihr Unterbewusstsein in Ihre Vorhaben einbinden, desto stärker wird es sich mit Ihnen verbünden.

Punktgenau

Welche positiven Veränderungen habe ich heute an mir beobachtet?

2.05 Die Macht der Motivation

»Ring frei zur sechsten Runde«, heißt es im sechsten Film für den fast schon legendären Sylvester Stallone, besser bekannt als Rocky. Mit 60 Jahren wollte er es noch einmal wissen. In einem Alter, in dem sich die Mehrheit der Menschen langsam aufs Rentenalter vorbereitet, gab er noch einmal richtig Gas, trainierte wie ein Besessener, um wieder, diesmal wohl zum letzten Mal, in den Ring zu steigen. Wer die Biografie dieses Ausnahmeschauspielers kennt, weiß um seinen starken Willen. Aus bescheidenen Anfängen brachte er es zum Weltruhm. Dabei sah es am Anfang gar nicht danach aus. Kein Produzent interessierte sich für das Drehbuch zum ersten Rocky-Film, das Stallone übrigens selbst geschrieben hatte. Die großen Filmemacher lehnten ab, weil Stallone die Hauptrolle selbst spielen wollte. Sie sahen nicht auf seinen durchtrainierten Körper. Sie fanden, dass er für diese Rolle einfach nicht groß genug war. Außerdem war sein Gesicht durch die Lähmung eines Muskels entstellt. Die Produzenten waren der Meinung, dass so ein Gesicht einfach nicht auf eine Filmleinwand passte. Obwohl er das Geld dringend benötigte, war er nicht bereit, dafür auf seinen Traum, selbst vor der Kamera zu stehen, zu verzichten. Jeder andere hätte an dieser Stelle schon aufgegeben bzw. eingelenkt und einen Vertrag zu schlechteren Bedingungen akzeptiert, nicht so Sylvester Stallone. Er kämpfte und fand schließlich einen Produzenten. Dem ersten Film folgten fünf weitere. Dieser Erfolg war nur möglich, weil Stallone ein klares Ziel vor Augen hatte. Er wollte diesen Film. Jede Ablehnung spornte ihn an, weiterzumachen, durchzuhalten und sich in Geduld zu üben, wie schon ein japanisches Sprichwort lehrt: ***»Die Geduld nicht verlieren, auch wenn es unmöglich erscheint, das ist Geduld.«***

Neben der Geduld kommt es auf die richtige Einstellung an. Nur dann, wenn Sie sich etwas vorstellen können, haben Sie die Möglichkeit, es auch zu erreichen. Wie wollen Sie etwas erreichen, wenn Sie es sich nicht vorstellen können? Nur wenn Sie eine klare Vorstellung von dem haben, was Sie sich wünschen, werden Sie Mittel und Wege finden, dorthin zu kommen. Die Wissenschaft lehrt uns, wie wichtig die richtige Einstellung und der damit verbundene Glaube ist, es schaffen zu können. ***»Alles entscheidet sich im Kopf«,*** sagt auch der Neurobiologe Professor Dr. Gerald Hüther von der Universität Göttingen.[4] »Ist das Gehirn hoch motiviert, ist jeder von uns zu persönlichen Höchstleistungen fähig«, so seine Diagnose. Nichts motiviert unser Gehirn mehr zu neuen Ideen und kreativem Denken als Neugierde und die Lust auf neue Eindrücke und Erlebnisse. Die Neugierde ist letztlich die Gier nach Neuem. Albert Einstein soll einmal gesagt haben: »Ich habe keine besondere Begabung, sondern bin nur leidenschaftlich neugierig.« Ich halte das für eine glatte Untertreibung, dennoch trifft es zu. Wäre Einstein nur hochintelligent, aber nicht neugierig gewesen, hätte er niemals seine bahnbrechenden Studien erstellen können.

Ich habe bereits an anderer Stelle gesagt, dass unser Leben ein sich ständig verändernder Prozess ist. Stillstand ist Rückschritt. Nur wer entschlossen nach vorne geht, wird seinem Ziel immer näher kommen. Je aufgeschlossener, desto leichter. Wichtig ist, sich von alten Vorstellungen zu lösen und den Zeitgeist zu akzeptieren. Ein guter Bekannter von mir wollte als Krankenpfleger arbeiten. Seine Eltern aber ermahnten ihn, doch erst einmal einen vernünftigen und bodenständigen Beruf zu erlernen, damit er etwas »Sicheres« hätte. Deshalb wurde er Schriftsetzer. Das war vor 30 Jahren. Heute gibt es diesen Beruf nicht mehr. Es wird Sie kaum überraschen, dass mein Bekannter heute als Krankenpfleger arbeitet. Sie sehen an diesem Beispiel aus meinem Umfeld, dass viele Menschen in ihrer Vorstellung nach Sicherheit gefangen sind. Sie bleiben lieber stehen, als dass sie mutig und entschlossen weitergehen. Leben ist ein dynamischer Prozess. »Panta rei«, alles fließt, lehrte bereits Heraklit vor mehr als 2000 Jahren. Stillstand ist ein schleichender Tod, wie mein Beispiel aus der Arbeitswelt deutlich zeigt. Deshalb ist es so wichtig, sich immer wieder neue Ziele zu setzen, neugierig zu bleiben und seine Gier nach Neuem auszuleben. Dazu noch einmal Prof. Dr. Hüther[5]: »Indem wir uns aufregenden Erfahrungen stellen, fördern wir die Flexibilität des Gehirns, wir erweitern es quasi durch die Aktivierung neuer neuronaler Netze.« Prof. Hüther verspricht, dass wir durch diese Haltung sogar noch belohnt werden. Das Gehirn reagiert mit der Ausschüttung von Botenstoffen.

Es ist nicht wichtig, woher Sie kommen und was Sie bisher erlebt haben. Wichtig ist einzig, dass Sie bereit sind, Herausforderungen anzunehmen und diese bestehen zu wollen. Mit dieser Einstellung wird es immer leichter.

Der amerikanische Topmanager Norman R. Augustine sagt dazu:
Die Motivation ist das Zünglein an der Waage. Im Sport setzt man sie manchmal mit »geistiger Zähigkeit« gleich, wie könnte man sonst die zahlreichen Vorfälle in jeder Saison erklären, bei denen eine Mannschaft eine andere verdientermaßen besiegt, doch ein paar Wochen später vom Verlierer niedergerungen wird? Fast immer schlägt die Motivation das große Talent.

»Denken Sie positiv« ist eine der zentralen Botschaften aus der Metaphysik. Leider inzwischen so abgedroschen, dass viele sie nur noch als esoterischen Nonsens abstempeln. Man muss ihnen diese Haltung nachsehen, weil mit diesem Begriff von selbst ernannten Experten noch immer viel Hokuspokus getrieben wird. Ob Wunderheiler, die sich dieses Begriffs bemächtigen, oder selbst ernannte Gurus. Diese Form des Wunderdenkens lehne ich ab, weil Veränderungen nie von außen kommen. Nur wer sich verändern möchte, also von innen heraus, wird etwas ändern können. Deshalb bin ich mir absolut sicher, dass nur positives Denken zu einer besseren Lebenseinstellung führen wird. Wobei ich hier ganz klar eine Grenze ziehen möchte. Positives Denken hat nichts mit »piep piep piep, wir haben uns alle lieb«-Denken zu tun. Wir sind es selbst, die durch dieses Denken Probleme verhindern oder aber lösen können. Stellen Sie sich vor, Sie fahren mit Ihrem Fahrrad einen Waldweg entlang. Vor sich erkennen Sie eine auf dem Weg liegende zerschlagene Bierflasche. Wenn Sie nun positives Denken gänzlich falsch verstanden haben, treten Sie weiterhin in die Pedale und fahren bewusst über die Scherben im festen Glauben, dass Ihrem Reifen schon nichts passieren wird. Zwei Meter weiter werden Sie eines Besseren belehrt. Der Reifen ist platt. Ihr Verhalten war falsch, nicht aber das positive Denken. Anders ausgedrückt: In dem Moment, in dem Sie das Problem auf sich haben zukommen sehen, hätten Sie richtig reagieren müssen. Sie hätten die Stelle umfahren müssen oder vom Fahrrad steigen, um die Scherben zur Seite zu räumen. Nachfolgende Radfahrer hätten es Ihnen gedankt. Es kommt immer darauf an, das Richtige zu tun. Positives Denken ist also nichts anderes, als sich einem Problem oder einer Herausforderung zu stellen, um dann in aller Ruhe an einer Lösung zu arbeiten. Diese Lösung wird Ihnen einfallen, weil unser Gehirn im stressfreien Zustand zu größter Leistung fähig ist. Positives Denken verhindert na-

türlich auch trübe Gedanken, wie z. B. »Typisch ich, warum musste mir das passieren?« oder »Tausend Mann im Fußballstadion, wer bekommt den Ball an den Kopf? Ich!« Wenn wir uns darauf verständigen können, dass positives Denken nichts anderes ist, als die täglichen Herausforderungen des Lebens besser zu meistern, haben wir viel erreicht. Diese Einstellung wird Ihnen helfen, auch andere Ziele leichter zu erreichen. Wenn Sie ein klares Ziel vor Augen haben, eine Vision, die Sie als inneres Wunschbild in sich tragen, werden Sie es durch positives Denken viel leichter und auch schneller erreichen.
»Der Wille, sich anzustrengen, um etwas zu erreichen, entsteht im Belohnungskreislauf des Gehirns, wo Neuronen den Glücksstoff Dopamin ausschütten, der uns zum Handeln antreibt«, sagt Hirnforscher Hüther.

Sie werden Ihre Ziele erreichen, wenn Sie ein paar einfache Regeln beachten:

1. »Glaube an deine Grenzen und sie gehören dir.«
Dieses Zitat aus der »Möwe Jonathan« kennt inzwischen wohl jeder. Es gibt keine Grenzen. Die Grenze ist nur in Ihrem Kopf. Das ist die zentrale Botschaft. Wer zu früh Grenzen bei sich akzeptiert oder nur kleine Ziele definiert, schwächt seinen Willen. Menschen mit einem ausgesprochenen Leistungswillen orientieren sich immer nach oben, an den Erfolgreichen, nie nach unten.

2. Krise als Chance
Es gibt keine Erfolge ohne Rückschläge. Erfolgreiche Menschen kalkulieren Niederlagen ein, halten aber an ihren Visionen und Zielen fest. Sie messen ihren Niederlagen keine große Bedeutung bei. Schon gar nicht gehen sie davon aus, versagt zu haben. Hoffnung und der feste Wille, diese Ziele zu erreichen, sind ihre ständigen Begleiter.

3. Erfahrung macht klug
Wer nicht arbeitet, macht auch keine Fehler. Wer viel arbeitet, macht viele Fehler! Nein, auf diese einfache Formel lässt sich die Welt nicht reduzieren. Tatsache ist aber, dass jeder, der etwas in Bewegung setzt, Fehler macht. Das ist nicht weiterhin tragisch. Wer allerdings einen Fehler zweimal macht, sollte

sein Verhalten überdenken. Es gilt, aus seinen Fehlern zu lernen, sie als eine Art Wegweiser zu sehen und nicht als persönliche Niederlage. Ganz wichtig: Akzeptieren Sie Ihre Fehler. Stehen Sie dazu, dann haben Sie auch die Kraft, diese Fehler zu beheben.

4. Zwischen der Theorie und der Praxis liegt die Realität

Weiter oben habe ich ausgeführt, dass Sie eine klare Vorstellung von dem haben müssen, was Sie wollen. Je größer Ihre Ziele, desto größer die Herausforderung. Kein Ziel kann hoch genug sein. Auch Blinde können den Mount Everest besteigen. Es kommt aber darauf an, sich realistische Ziele zu setzen. Gerhard Schröder hat als Student am Sicherheitszaun des Bonner Kanzleramtes gerüttelt und lautstark geschrien: »Ich will hier hinein!« Hinter vorgehaltener Hand sprach man nach seiner Wahl zum Kanzler davon, dass er immer öfter gesagt haben soll: »Ich will hier raus.« Vielleicht einer der Gründe, warum er die Bundestagswahl vorzog. Sie sehen, so kann es gehen. »Rein in die Kartoffeln, raus aus den Kartoffeln«, lautet eine bekannte Redensart. Ein Student, der sich anschickte, Kanzler der Republik zu werden, hatte auch schon damals etwas Skurriles. Aber die Vision lehrt, dass eben nichts unmöglich ist. Das Verhalten des Herrn Schröder lehrt aber auch, dass erreichte Ziele nicht immer einhergehen mit einem Glücksgefühl. Deshalb ist es wichtig, sich realistische Ziele zu setzen und sich gedanklich damit zu beschäftigen, welche Gefühle mit dem Erreichen des Ziels verbunden sind. Es wäre doch sehr tragisch, etwas zu erreichen auf Kosten der Freude.

5. Der Weg ist das Ziel

Ich möchte noch einmal an den vorherigen Punkt anknüpfen. Gerhard Schröder wurde ja nicht direkt zum Kanzler gewählt. Er war davor einige Jahre niedersächsischer Ministerpräsident. Mit einem klaren Ziel vor Augen war er sich nicht zu »schade«, immer wieder kleine Zwischenstopps einzulegen. Letztlich war es diesem Umstand zu verdanken, dass er überhaupt eine Chance auf das Kanzleramt hatte. Halten auch Sie fest an Ihren großen Zielen, legen Sie aber immer wieder Zwischenstopps ein. Kein Autofahrer würde auf die Idee kommen, die Strecke von Flensburg nach Garmisch-Partenkirchen in einer Fahrt und ohne Pausen zurückzulegen (von einigen übernächtigten Lkw-Fahrern einmal abgesehen). Der vorausschauende Autofahrer plant seine Fahrt gewissenhaft und legt immer wieder Zwischenstopps ein, um neu aufzutanken. Sich selbst und natürlich sein Auto. Etappenziele haben den großen Vorteil, dass ein großes Ziel häppchenweise erreicht wird. Jeder Zwischenstopp geht somit auch einher mit dem guten Gefühl, wieder einen Teil des Weges erfolgreich bewältigt zu haben. Dadurch wird das Selbstbewusstsein positiv beeinflusst. Darüber hinaus belohnt unser Gehirn sich selbst für erbrachte Leistungen mit einem tiefen Glücksgefühl.

6. Ich werde es schaffen!

Je größer unsere Leidenschaft, desto schneller erreichen wir unsere Ziele. Der amerikanische Psychologe Dean Keith Simonton ist davon überzeugt, dass Leidenschaft unser Motivationszentrum aktiviert. Seine Studien zeigen: Je häufiger wir im Leben mit Begeisterung und Herzblut bei der Sache sind, desto besser können wir Niederlagen wegstecken und auch steinige Wege bis zum Ziel durchhalten.

Diese Aufzählung ist nicht willkürlich, sie spiegelt das Verhalten erfolgreicher Menschen eindrucksvoll wider. Das wusste bereits der römische Philosoph und Kaiser Marc Aurel, der vor rund 2000 Jahren lebte: ***»Das Glück deines Lebens hängt von der Beschaffenheit deiner Gedanken ab.«*** Das liest sich leicht, doch wie sieht es in der Realität aus? Erfolge zu feiern ist einfach. Aber wie gehen wir mit unseren Niederlagen um? Wer, so wie ich, regelmäßig mit Leistungssportlern arbeitet, weiß um die Bedeutung dieser Frage. Nirgendwo sonst liegen Sieg und Niederlage so dicht beieinander. Deshalb brauchen Sportler ein hohes Maß an Disziplin, um insbesondere »schwere« Zeiten leichter zu überstehen. Ein Sportler, der eines meiner Seminare besuchte, brachte es auf den Punkt: ***Verlieren gehört zum Siegen dazu. Wer nicht verlieren kann, wird auf Dauer kein Sieger.***

Als der beste Rennfahrer aller Zeiten, Michael Schumacher, Ende 2006 in den »vorzeitigen«, wenngleich verdienten Ruhestand ging, wurde es den Verantwortlichen im Rennsport angst und bange. Plötzlich fehlte die Leitfigur. Doch das Leben kennt nur Wachstum. Lücken werden sofort geschlossen. Wenn etwas aufgegeben wird, dann wird nur der Platz frei für etwas Neues. Als Mitte März 2007 die Rennsaison eröffnet wurde, quasi die Stunde null ohne Michael

PAULS MOTIVATIONSTIPP:

ES GIBT KEINE GARANTIE DAFÜR, DASS MAN EIN ZIEL ZU EINER BESTIMMTEN ZEIT ERREICHT. ABER ES GIBT EINE GARANTIE DAFÜR, DASS MAN ZIELE, DIE MAN SICH NIE GESTECKT HAT, NIE ERREICHT.

Schumacher, war ich nicht überrascht, als sich die Zeitungen tags darauf mit Superlativen fast schon überschlugen. Die Rede war von einem bis dahin völlig unbekannten englischen Rennfahrer, Lewis Hamilton, der als Dritter ins Ziel ging. »Der Tiger Woods auf Rädern«, überschrieb eine Zeitung ihren Bericht. »Er ist ein Genie und hat alles, was man braucht, um Weltmeister zu werden«, schwärmte Sir Stirling Moss, der bis heute als bester britischer Rennfahrer gilt. »Er ist der beste Neuling aller Zeiten, so etwas habe ich jedenfalls noch nicht gesehen«, sagte der dreimalige Weltmeister Niki Lauda. Die renommierte englische Tageszeitung »The Times« rechnete schon hoch, dass Hamilton für die Werbebranche Gold wert ist und bald sogar Michael Schumacher oder Fußball-Ikone David Beckham in den Schatten stellen dürfte. Dieses Rennen in Melbourne war für den 22-Jährigen das erste in der Formel 1. Umso erstaunlicher das Ergebnis. Aber es zeigt, wozu Menschen in der Lage sind, wenn sie hart an sich arbeiten und ein klares Ziel vor Augen haben. Als Zwölfjähriger sprach der Brite den damaligen McLaren-Teamchef Ron Dennis am Rande einer Preisverleihung an. Dieser Mut des kleinen Knirpses ist beachtlich, zumal er versprach, eines Tages für die Formel 1 zu fahren. Ron Dennis soll darauf gesagt haben: »Gut, wenn du die Kartmeisterschaft gewinnst, dann komm wieder.« Ein Jahr später stand Hamilton erneut vor ihm: »Mister Dennis, ich habe die Meisterschaft gewonnen!«[6] Von da an ließ ihn der McLaren-Boss nicht mehr aus den Augen.

Haben Sie den Mut, Ihren Weg zu gehen. Lassen Sie sich nie von Ihren Zielen abbringen, egal was die Menschen um Sie herum von Ihnen denken mögen. Der Neurowissenschaftler Solomon Snyder von der John Hopkins University in Baltimore nennt es das ***»Prinzip der Dreistigkeit«.***
Menschen, die erfolgreich werden wollen, haben den Mut, sich über Konventionen hinwegzusetzen. ***»Es geht nicht darum, eine originelle Idee zu haben, sondern auch um die Erkenntnis, dass diese Idee wirklich wichtig ist«,*** sagte Snyder in einem Interview.[7]

Punktgenau

Was motiviert mich am meisten?

2.06 Jetzt ist mein bester Tag

»Carpe diem«, mahnten die Lateiner. Das bedeutet, im Hier und Jetzt zu leben, den Augenblick zu genießen und weder an das Gestern noch an das Morgen zu denken. Diese »Übung« ist aber alles andere als einfach. »Morgen, morgen, nur nicht heute, sagen alle faulen Leute«, lehrt eine Redensart. Es ist tatsächlich einfacher, alles auf morgen zu schieben, als jetzt aktiv zu werden. Das wusste auch der russische Schriftsteller Anton Tschechow. In seinem Theaterstück »Drei Schwestern« beschreibt er das Lebensgefühl der Morgen-Menschen, also Menschen, die immer morgen etwas ändern wollen, nur nicht jetzt:

Die Gegenwart ist widerlich, aber wenn ich an die Zukunft denke, wird alles so gut! Es wird einem so leicht, so unbeengt ums Herz; und in der Ferne geht ein Licht auf, ich sehe Freiheit, ich sehe mich und meine Kinder sich befreien von Müßiggang, von Schnaps, von Gänsebraten mit Sauerkohl, vom Nachmittagsschläfchen und von dieser elenden Tagedieberei …

In der Tat wühlen viele Menschen mit einer gewaltigen Leidenschaft in ihrer Vergangenheit, um sich dann jeden Tag aufs Neue zu bemitleiden, wie schlecht es ihnen doch geht. Andere wiederum hoffen auf ein besseres Leben, statt aktiv zu werden. Wer jeden Tag in Selbstmitleid zergeht, erntet am Ende auch nur Leid! Wie die Saat, so die Ernte. Wer nur trübsinnige Gedanken »sät«, wird kaum Lebensfreude ernten. Dabei sind die Dinge wirklich einfach. Natürlich, was geschehen ist, ist geschehen und kann auch nicht mehr geändert werden. Was gesagt wurde, kann auch nicht wieder zurückgenommen werden. Diese »Naturgesetze« wird wohl niemand ernsthaft infrage stellen. Dennoch wollen sich viele damit nicht abfinden. Oft hängen sie tagelang ihren negativen Gedanken nach, weil sie in ihrer Wut jemanden beleidigt haben. Alles Grübeln wird nichts nützen, was passiert ist, ist passiert. Jetzt heißt es, nach vorne zu schauen und aus den Fehlern der Vergangenheit zu lernen-Wer zu unkontrollierten Wutausbrüchen neigt, sollte immer daran denken, dass eine Wunde zurückbleibt. Es ist, als würden Sie einen Nagel in die Wand schlagen und ihn gleich darauf mit der Zange herausziehen. Sie werden sehen, dass zwar der Nagel verschwunden ist, das Loch, die »Wunde«, jedoch bleibt. Das gilt auch für die Gefühle unserer Mitmenschen.

Ich stelle mir das Leben in der Mitte von zwei Räumen vor, die durch eine Tür getrennt sind. Der eine Raum ist das Gestern, der andere Raum das Morgen, und die Türschwelle ist das Jetzt, der Augenblick! Mit anderen Worten: Die Tür zum Gestern ist für immer geschlossen, die Tür zum Morgen noch geschlossen. Gestern ist vorbei, morgen eine Illusion. Nur das Jetzt zählt, und nur jetzt kann ich mein Leben beeinflussen. Egal, was gestern war und was morgen kommen wird. Nur jetzt kann ich aus den Erfahrungen der Vergangenheit die richtigen Entscheidungen für morgen treffen. Selbst Konfuzius resümierte: ***Der Mensch hat dreierlei Wege, klug zu handeln: erstens durch Nachdenken, das ist der edelste, zweitens durch Nachahmen, das ist der leichteste, drittens durch Erfahrung, das ist der bitterste.***

Punktgenau

Was werde ich heute besser machen als gestern?

PAULS MOTIVATIONSTIPP:

WISSEN, DAS NICHT MIT JEDEM TAG ZUNIMMT, NIMMT MIT JEDEM TAG AB.

2.07 Freude verhindert Schmerzen

Es gibt ein unbestechliches Gesetz, das Gesetz von Ursache und Wirkung. Nach diesem Gesetz ernten wir das, was wir säen. Klingt irgendwie logisch, und doch wollen es die meisten nicht glauben. Aber fragen Sie einmal einen Landwirt, was er säen wird, wenn er im Spätsommer Kartoffeln ernten möchte. Er wird wohl kaum Weizen aussäen. Dieses unbestechliche Naturgesetz funktioniert auf allen Ebenen. Auch bei uns Menschen. Anders ausgedrückt: Wir selbst sind die Verursacher unseres Schicksals. Mir ist schon klar, dass den meisten diese Antwort missfällt, weil sie ihnen zu unbequem ist. Sie räumt nämlich auf mit der Vorstellung, andere seien schuld am eigenen Schicksal. Es ist so herrlich bequem, anderen die Schuld in die Schuhe zu schieben. Die Eltern, die Lehrer in der Schule, der Chef am Arbeitsplatz, sie alle wollen uns angeblich nur schaden. Dumm, wer das glaubt. Das Gesetz von Ursache und Wirkung funktioniert minutiös wie die Braunschweiger Atomuhr. Unbestechlich und sekundengenau. Wer das versteht, wird erkennen, dass nur Eigenverantwortung die Lösung aller Probleme ist. In dem Moment, in dem Sie erkennen, dass Sie für alles in Ihrem Leben die Verantwortung zu übernehmen haben, werden Sie merken, wie der Schmerz des Versagens von Ihnen fällt und Lebensfreude Einzug hält. Es liegt einzig bei Ihnen, ob Sie gut oder schlecht drauf sind. Wenn es Dinge oder Umstände in Ihrem Leben gibt, die Sie kaputt machen und Ihnen sogar Schmerzen zufügen, dann liegt es nur an Ihnen, diesen Zustand zu ändern. Wer sonst, wenn nicht Sie? Solange Sie Verantwortung von sich schieben, haben Sie keinen Grund, sich über das unbefriedigende Ergebnis zu beschweren.

Achten Sie insbesondere auf Ihren Körper. Er ist ein Spiegelbild Ihrer Seele.

Beide sind untrennbar miteinander verbunden. Sobald der Körper rebelliert, rennen die meisten zum Arzt, lassen sich gegen ihre Schmerzen und Leiden Medikamente verschreiben und wundern sich, dass es ihnen danach auch nicht viel besser geht. Die Schmerzen werden so lange unterdrückt, wie die Wirkung der Medikamente anhält. Ein Teufelskreislauf. Wie viel Leid könnte verhindert werden, wenn sich die Kranken ernsthaft mit ihrer Krankengeschichte auseinandersetzen und hinterfragen würden, warum es ihnen schlecht geht. Das zu erkennen, ist sehr wichtig und hilft, das Leiden zu beseitigen. Ich möchte Ihnen an einem ganz einfachen Beispiel verdeutlichen, worum es bei dieser Feststellung im Kern geht. Ein Mensch, der dauernd unter Druck steht, dem es schwer fällt, sich zu entspannen oder loszulassen, leidet häufig unter Bluthochdruck ohne organische Ursache. Dabei reflektiert das Herz-Kreislauf-System nur den Druck, unter dem der Mensch steht. Wie nicht anders zu erwarten, verschreibt der Arzt Betablocker und rät, die ganze Sache zukünftig etwas ruhiger anzugehen. Richtiger wäre es aber, sich grundsätzlich zu fragen, was einen so unter Druck setzt, dass sich bereits körperliche Leiden bemerkbar machen. Darin liegt die Lösung des Problems. Wer diese krankmachenden Faktoren nicht beseitigt, wird bis ans Ende seiner Tage Betablocker einnehmen. Noch einmal: Sie allein haben es in der Hand, Schmerzen zu vermeiden, indem Sie etwas ändern. Oft hilft auch nur eine veränderte Sichtweise.

Nicht die Situation verursacht Schmerzen, sondern nur unsere Einstellung dazu. Wenn Sie etwas hassen, dann geben Sie negativen Energien einen Raum. Aus der Physik wissen wir, dass ein System sich verstärkt, je mehr Energie ihm zugeführt wird. Je mehr Sie hassen, desto größer wird Ihr Hass. Sie können nur ernten, was Sie säen. Umgekehrt funktioniert es genauso. Je mehr Sie etwas lieben, desto stärker wird die Liebe.

Wenn Sie Schmerzen vermeiden wollen, dann führt der Weg dorthin nur über Ihre innere Einstellung. Der erste Schritt zur Veränderung ist deshalb die Annahme Ihrer Situation ohne Wehklagen. Es geht nicht darum, die Situation zu lieben, sondern ausschließlich darum, sie zu akzeptieren. Das Wichtigste aber ist, niemals negative Gefühle einzubringen. Das ist schon alles. Je weniger negative Gefühle, desto bedeutungsloser wird die Situation für Sie. Wenn etwas bedeutungslos ist, dann wird es sich schon bald auflösen und der Weg zur Veränderung ist frei.

Punktgenau

Welche »offenen Wunden« müssen bei mir noch heilen? Was werde ich jetzt sofort anpacken?

PAULS MOTIVATIONSTIPP:

AUCH AUS STEINEN, DIE DIR IN DEN WEG GELEGT WERDEN, KANNST DU ETWAS SCHÖNES BAUEN.

Erich Kästner

KAPITEL 3

MEINE GEDANKEN BESTIMMEN MEIN LEBEN

Nicht der hat am meisten gelebt,
der die meisten Jahre zählt,
sondern der, der das Leben am meisten empfunden hat.

Jean-Jacques Rousseau

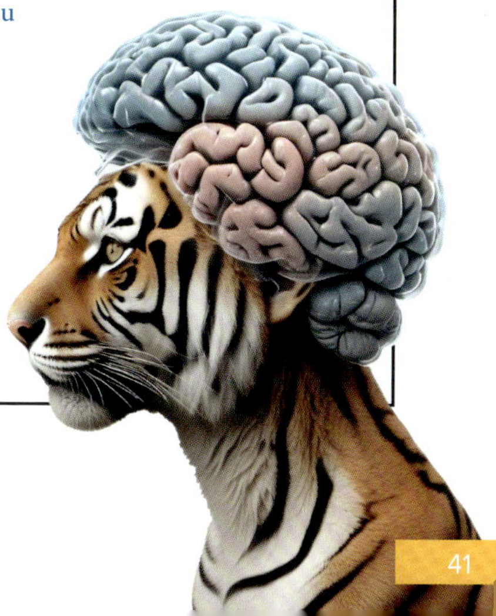

3.01 Alles eine Frage der inneren Einstellung

Zeit seines Lebens half der Arzt Albert Schweitzer Leprakranken, um ihr Leiden zu lindern. Er gründete ein Tropenkrankenhaus und ein Krankenhaus mit einer Leprastation. Tagtäglich war er so der hochansteckenden und zu der Zeit noch vielfach tödlich verlaufenden Krankheit ausgesetzt. An Lepra erkrankte er aber nie. Ein medizinisches Wunder, was er aber ganz einfach kommentierte: ***»Die größte Entscheidung deines Lebens liegt darin, dass du dein Leben ändern kannst, indem du deine Geisteshaltung änderst.«*** Ganz offensichtlich kam ihm niemals in den Sinn, dass er ernsthaft erkranken könnte.

In der Tat wurden wir Menschen auf unserem Weg ins Leben mit einem wunderbaren Geschenk ausgestattet: Es ist der freie Wille. Sie können denken, was immer Sie wollen, die Entscheidung liegt allein bei Ihnen. Gesetze regeln das Zusammenleben in einem Staat, daran muss man sich halten. Aber Ihre Gedanken unterliegen keinerlei Beschränkungen, hier gibt es keine Vorschriften. Sie dürfen denken, was immer Sie wollen. Darin liegt aber auch eine große Verantwortung. Ihrem Kopf, also dort, wo die Gedanken entstehen, ist es so ziemlich egal, was Sie denken. Er bewertet nicht (das macht nur der Verstand). Gedanken tragen den festen Willen in sich, sich zu verwirklichen. Deshalb ist es so wichtig, dass Sie darauf achten, was Sie täglich denken. Experten behaupten, dass in unserem Kopf täglich bis zu 65.000 Gedanken herumjagen. Die Inder nennen diese Gedanken »Affengeschnatter«. Ich vergleiche diese gewaltige Zahl mit einem riesigen Ameisenhaufen. In diesem Gewirr gibt es scheinbar keine Logik, und doch weiß jede Ameise um ihre Aufgabe, wie z. B. an einem gemeinsamen Nest zu bauen. Mit Ihren Gedanken verhält es sich ähnlich. Sie mögen zigtausende, teilweise unkontrollierte Gedanken haben, aber Ihre innere Einstellung gibt die Richtung vor und sorgt dafür, was daraus wird. Wer grundsätzlich ein lebensbejahender Mensch ist, wird trotz zeitweise auftretender negativer Gedanken grundsätzlich mehr Freude als Leid erleben. Wer dagegen als schwermütiger Mensch zwischendurch einige positive Highlights erlebt, wird am Ende wieder in Schwermut zurückfallen, weil er darauf konditioniert ist. Der römische Kaiser Marc Aurel mahnte schon vor rund 2000 Jahren: ***»Das Leben eines Menschen ist das, was seine Gedanken daraus machen.«*** Was so einfach klingt, ist wirklich so einfach. Wer immer nur die schlechten Dinge im Leben sieht, kann sich unmöglich wohlfühlen. Wer dagegen positiv gestimmt ist und mehr Chancen als Risiken sieht, lebt nicht nur erfolgreicher und gesünder, sondern sogar noch länger. Zu dieser tollen Erkenntnis gelangte der renommierte »Glücksforscher« Prof. Martin E. Seligmann nach der Auswertung einer 30-Jahres-Studie mit 729 Testpersonen. Der Psychologe stellte fest, dass eine leicht pessimistische Grundhaltung das Sterberisiko statistisch um 19 Prozent erhöht. Umgekehrt wirkt es auch. Je optimistischer ein Mensch in die Zukunft blickt, desto länger wird er leben. So das Fazit einer weiteren Studie[8], diesmal von der Universität Pittsburgh. Die Wissenschaftler infizierten Freiwillige mit Schnupfenviren. 193 Freiwillige im Alter zwischen 21 und 55 Jahren wurden in zwei Gruppen eingeteilt, und zwar in eine »glückliche« und in eine »unglückliche«, indem sie festhielten, wie stark positive Empfindungen wie Glück, Lebenslust und Gelassenheit oder aber negative Gefühle wie Ängstlichkeit, Niedergeschlagenheit oder Feindseligkeit ausgeprägt waren. Dann wurden den Probanden Nasentropfen mit Schupfen- und Grippeviren verabreicht. Das Ergebnis überzeugt: 62 Prozent der Pessimisten bekamen eine Erkältung. Bei den Optimisten war es nur ein Drittel (35 Prozent). Wille, Hoffnung und Optimismus, das sind die drei Säulen, die nicht nur vor Krankheit schützen, sondern Sie fit fürs Leben machen. Vereinfacht ausgedrückt: Eine positive Lebenseinstellung schützt vor Infekten. Selbst wenn Sie kein Kämpfertyp sind, haben Sie gute Chancen, Ihr Leben positiver zu gestalten. Dazu Prof. Seligman:

»Den Willen und den Optimismus kann man bis ins hohe Alter trainieren. Man darf nur nicht aufgeben.«

Thomas Edison, erfolgreicher Erfinder und Unternehmer (er gründete unter anderem die General Electric, eines der größten Unternehmen der Welt), wurde einmal gefragt, ob es nicht frustriere, erst nach etlichen Tausend Versuchen Erfolg gehabt und die Glühbirne zum Leuchten gebracht zu haben. Darauf soll er gesagt haben: »Ich habe tausendfach gelernt, wie es nicht geht.« Erkennen Sie die Einstellung? Niederlagen in Gewinne umzuwandeln, das ist der Stoff, aus dem erfolgreiche Menschen »geschnitzt« sind.

Ein mächtiger König ließ alle Weisen seines riesigen Königreichs zusammenkommen. Er gab ihnen den Auftrag, das gesamte Wissen des Universums aufzuschreiben, und zwar so kurz wie möglich. Die Weisen machten sich an die

Arbeit und lieferten nach etlichen Jahren ein Kompendium, bestehend aus 100 Büchern, ab. Darüber war der König sehr verstimmt. Für ihn waren die 100 Bücher noch zu viel, weshalb er die Weisen erneut beauftragte, kürzer zu schreiben, indem sie unwesentliche Teile wegließen. Sie gingen erneut an die Arbeit und legten nach vielen Jahren mühevoller Arbeit nur noch ein Buch vor. Statt mit Lob überschüttet zu werden, verabschiedete der König die Weisen mit dem neuen Auftrag, das Wissen in nur einem Satz zusammenzufassen. Sie begaben sich daraufhin erneut in Klausur. Wieder dauerte es einige Jahre, doch dann hatten sie die gesamte Lebensweisheit des Universums in einem Satz zusammengefasst:

»Auch du bist ein Schöpfer – alles ist möglich.«

Punktgenau

Welche »problematischen« Gedanken beschäftigen mich den ganzen Tag?
Was werde ich jetzt konkret dagegen unternehmen?

PAULS MOTIVATIONSTIPP:

ICH BIN FROH UND HEITER, GLÜCK IST MEIN STÄNDIGER BEGLEITER.

3.02 Die Gedanken sind frei

»Es ist der Geist, der die Welt bewegt«, *sagte schon der französische Dichter und Pilot Antoine de Saint-Exupéry. Der Geist kann einfach alles, nichts ist unmöglich, der Geist hat Macht über die Materie. Wer zielgerichtet denkt und wünscht, zieht zwangsläufig das Gewünschte in sein Leben. Alle großen Philosophen dieser Welt haben die Ansicht vertreten, dass es eine Ursachenebene (Geist) geben muss, die in der Wirkungsebene (Materie) alles ermöglicht. Selbst der Nobelpreisträger Max Planck war von der Kraft des Geistes überzeugt: »Es ist die Kraft des bewussten und intelligenten Geistes, die die Atomteilchen in Schwingung bringt und bis in den Atomkern zusammenhält.« Letztendlich ist alles um uns herum Energie. Materie, die uns umgibt, ist nur eine andere Form von Energie. Nur die Art der Schwingungen unterscheidet sich. Wohin Sie blicken, überall ist Energie. Auch unsere Gedanken sind nichts anderes als Energie. Niemand hat je einen Gedanken gesehen, und doch gibt es keinen Zweifel, dass jeder Mensch unablässig Gedanken produziert. Ein Narr, der das bestreitet. Dabei ist ein Gedanke keinesfalls flüchtig, sondern immer vorhanden. Lediglich seine Form verändert sich. Vergleichbar mit einem Topf Wasser, den Sie zum Kochen bringen. In Form von Dampf entschwindet das Wasser dem Kochtopf, bis der Topf leer ist. Dennoch ist das Wasser vorhanden, als Wassermoleküle in der Raumluft, welche sich schon bald an glatten Flächen absetzen. Würden wir den Wasserdampf mit einem Deckel auffangen, würden wir ihn als Wasser zurückgewinnen.*

Unsere Gedanken sind wie der Wasserdampf. Einmal gedacht, für immer vorhanden. Insofern ist es ganz wichtig, Gedankenhygiene zu betreiben, also nur Gedanken zuzulassen, die nützlich für uns sind.

Ein junger Mann war des Wanderns müde. Er legte sich unter einen Baum. Als er in den nächtlichen Sternenhimmel schaute, dachte er: »Mein Glück wäre vollkommen, hätte ich jetzt ein Glas Champagner.« Plop, und er hielt ein Glas Champagner in der Hand. Noch etwas benommen von dieser Situation dachte er, dass zu einem Glas Champagner ein Hummer und Austern gehörten. Plop, stand selbiges vor ihm auf einem Teller, nebst Geschirr und Besteck. Den ganzen Abend ließ er es sich gut gehen. Alles, was er so dachte, war binnen Bruchteilen von Sekunden vorhanden. Zu guter Letzt wünschte er sich ein kuscheliges Bett unter dem großen Baum. Dann legte er sich schlafen und dachte: »Was wäre, wenn jetzt ein Tiger käme ...«

Sie sehen, jeder entscheidet für sich allein, was er denken möchte, und ist damit Alleinherrscher. Ihre Gedanken sind frei, und zwar zu allen Zeiten (von einigen Ausnahmen abgesehen). Im Jahr 1842 veröffentlichte August Heinrich Hoffmann von Fallersleben eine neue Version des Liedes ***»Die Gedanken sind frei«,*** dessen Ursprung zurückgeht bis ins 13. Jahrhundert. Es soll der Minnesänger Walther von der Vogelweide komponiert haben. In der ersten Strophe heißt es: »Die Gedanken sind frei, wer kann sie erraten? Sie fliegen vorbei wie nächtliche Schatten. Kein Mensch kann sie wissen, kein Jäger sie erschießen mit Pulver und Blei, es bleibt dabei: die Gedanken sind frei.«

Erinnern Sie sich noch an Ihre Kindheit? Oder haben Sie heute schon eigene Kinder? Dann schauen Sie sich die Wände im Kinderzimmer an und Sie werden wahrscheinlich kaum noch das Muster der Tapeten erkennen. Oft hängen da Poster von Popstars, Gruppen und sonstigen Idolen. Von Britney Spears über Shakira bis zu Tokio Hotel. Die Augen der Kinder leuchten beim Betrachten dieser Bilder. Kein Wunder, insgeheim wünscht sich wohl jeder Mensch, so reich und berühmt zu sein wie die Stars auf den Postern. Mit zunehmendem Alter nimmt die Idealisierung ab und der Mensch kümmert sich nur noch um seinen grauen Alltag. Schade eigentlich. Ich bin der Meinung, dass jeder Mensch zu jeder Zeit Vorbilder haben sollte. Manchmal beschleicht mich das Gefühl, dass gerade Erwachsene Vorbilder nötiger hätten als Kin-

PAULS MOTIVATIONSTIPP:

DEINE LEBENSUMSTÄNDE SIND EIN SPIEGEL DEINER LEBENSEINSTELLUNG.

der. Im täglichen Einerlei verlieren viele Menschen die Orientierung und sind aufgrund fehlender Ziele mutlos. Wer Vorbilder hat, entwickelt den Ehrgeiz, ihnen nachzueifern. Das hat aus meiner Sicht den Vorteil, dass man versucht, gerade in schwierigen Zeiten nicht aufzugeben, sondern weiterzumachen, um die gesteckten Ziele zu erreichen. Am besten, Sie halten es so wie Sir Winston Churchill. Dieser soll auf seiner letzten öffentlichen Vortragsrede, die mit großer Spannung von Hunderten Zuhörern erwartet wurde, auf die Frage: »Was ist das Geheimnis Ihres Erfolges?« mit nur einem Satz geantwortet haben: ***»Gib nie, nie, nie auf!«*** Nach diesem einen Satz, so erzählt man, verließ Churchill das Rednerpult.

Vorbilder sind wichtig, aber man sollte sie nie idealisieren. Vorbilder zu haben heißt, von ihnen zu lernen. Denn diesen Menschen ist gemeinsam, dass sie etwas erreicht haben, was Sie vielleicht noch erreichen möchten. So ist es doch einfach, dass Sie sich mit deren Geschichte auseinandersetzen, um zu sehen, wie sie ihren Weg gegangen sind. Glauben Sie mir, wenn Sie diesen Weg kopieren, wird es auch bei Ihnen funktionieren. Vorbilder gibt es mehr als genug, selbst der eigene Kollege oder der unmittelbare Vorgesetzte kann schon ein Vorbild für Sie sein. In dem Begriff Vorbild kommt Bild vor. Womit sich der Kreis schließt. Wenn Sie ein klares Bild von Ihren Wünschen vor Ihrem geistigen Auge haben, haben Sie bereits so gut wie gewonnen. Fangen Sie an, Ihren Traum zu leben, und geben Sie niemals auf, so wie der britische Mathematiker Andrew Wiles. Mit zehn Jahren las er das erste Mal von einem mathematischen Problem, das die Fachwelt seit dem 17. Jahrhundert beschäf-

tigte: das Fermat-Theorem.[9] Schon damals verstand er nicht, warum so viele Mathematiker an dieser Gleichung, die für ihn so einfach aussah, scheiterten. Also beschloss er, sich des Problems anzunehmen. Er wollte das Fermat-Theorem knacken. Dazu studierte er die unzähligen vergeblichen Lösungsversuche. Jahrelang arbeitete er wie besessen, vergaß ringsherum die Welt. Während andere in den Urlaub fuhren, tanzen gingen und Spaß hatten, grübelte er über der Gleichung. Nebenbei beendete er die Schule, studierte Mathematik und machte eine wissenschaftliche Karriere an der Universität von Princeton. Er saß oft stundenlang über dem Problem, doch kam er nicht voran. Erst nach drei Jahrzehnten, im Jahre 1994, präsentierte er seinen fassungslosen Kollegen die Lösung des Theorems. Über Nacht war der etwas eigenwillige Wissenschaftler zum Star geworden. Es sei ihm nicht um den Ruhm gegangen, sagte er in einem Interview vor Journalisten aus aller Welt – sondern nur darum, nicht aufzugeben!

Punktgenau

Welches Bild habe ich von meinen Wünschen und Träumen?

3.03 Es gibt keine Grenzen

Diese Menschen einte das gleiche Schicksal: Abraham Lincoln, Thomas Edison, Albert Einstein und Walt Disney. Sie hatten nämlich den festen Willen, erfolgreich zu sein. Ihre Geisteshaltung hat sie zu den einflussreichsten Menschen der Geschichte gemacht. Diese außergewöhnlichen Personen glaubten an ihre eigenen Fähigkeiten und sie sahen in Rückschlägen und Enttäuschungen das, was sie wirklich waren: keine persönlichen Niederlagen, sondern notwendige Begleiterscheinungen des Erfolgs. Lincoln versagte mehrfach als Geschäftsmann, verlor einige Wahlen zum Parlament und wurde dennoch amerikanischer Präsident. Auch Walt Disney meldete fünfmal Konkurs an, bevor »Disneyland« Realität wurde. Edison probierte Tausende von Glühfäden aus, bis er seine bahnbrechende Erfindung endlich zum Leuchten brachte. Der Schüler Albert Einstein kämpfte mit schlechten Noten, bevor er die Welt mit seiner Relativitätstheorie in Erstaunen versetzte. ***Von Gewinnern lernen heißt siegen lernen.***

Scheitern wird oft in den gleichen Topf mit Schuld, Unterlegenheit und Resignation geworfen. Deshalb nehmen viele ihre Niederlagen als persönliche Tragödien wahr. Resigniert geben sie schnell auf und fragen sich, wann eine höhere Macht ihnen denn nun endlich das Leben zukommen lässt, das sie sich wünschen. Diese Einstellung führt zu nichts. Jetzt ist der beste Moment, etwas zu verändern. Sie sind heute das Produkt Ihrer Gedanken von gestern und werden morgen das Produkt Ihrer Gedanken von heute sein. Wenn Sie etwas verändern wollen, gibt es nur einen einzigen richtigen Moment: jetzt. Das Scheitern ist Vergangenheit. Vor Ihnen liegt das neue Leben. Wer sich von seiner alten Botschaft »Ich kann nicht« verabschiedet und bereit ist, ***»Ich kann«*** zu sagen, entdeckt im Scheitern den festen Grund für eine Neugeburt und für echtes Selbstbewusstsein. Hätte Thomas Edison nach dem tausendsten Versuch aufgegeben, säßen wir heute im Dunkeln. »Ich würde ja gerne, aber …«, höre ich bereits den einen oder anderen sagen. Ich nenne diese Menschen Unterlasser. Sie unterlassen alles, um ja keinen Erfolg zu haben. Nach dieser Definition sind Menschen, die etwas unternehmen, Unternehmer. Sie haben akzeptiert, dass wir alle nackt auf die Welt kommen und uns unsere Eltern nicht aussuchen konnten. Sie haben aber erkannt, dass unsere Herkunft alles andere als ein Stigma ist. Die Natur hat es so eingerichtet, dass wir nach der Kindheit und Jugend loslassen müssen, um unser eigenes Leben zu leben. Das sind Herausforderungen, die mehr Chancen als Risiken bieten. Erfolg folgt dem, der bereit ist, die Vergangenheit hinter sich zu lassen und entschlossen die Zukunft anzupacken. Erfolg hat nie etwas mit zufälligem Glück zu tun, es ist das Ergebnis, das auf unsere Anstrengungen folgt. »Von nichts kommt nichts«, lautet eine altbewährte Redewendung. Halten Sie an Ihren Träumen fest. Glauben Sie daran, dass Sie es schaffen können. Auf Ihrem Weg zum

Erfolg wird es Tausende geben, die Ihnen einzureden versuchen, dass Ihre Träume viel zu gewagt sind und Sie keine realistische Chance haben, es je zu schaffen.

Zwei Frösche fallen in einen tiefen ausgetrockneten Brunnen. Andere Frösche konnten gerade noch kehrtmachen. Nun sitzen sie am Brunnenrand und jammern, dass die beiden verloren sind. Der eine Frosch versucht es gar nicht mehr, während der andere seine gesamte Kraft zusammennimmt und langsam an der rutschigen Brunnenwand nach oben kriecht. Doch seine »Freunde« rufen ihm zu, er solle ja aufpassen, dass er nicht rutscht. Er würde es ohnehin nicht schaffen, das sei viel zu hoch. Sie schreien noch lauter, als sie sehen, dass er fast schon oben angekommen ist: »Pass auf, das ist viel zu gefährlich, wenn du jetzt fällst, dann wirst du dir das Rückgrat brechen.« Doch der Frosch setzt seinen Weg unbeirrt fort und kommt letztendlich oben an. Er ist ein wenig erschöpft, aber heilfroh. Was die anderen nicht wissen: Er ist taub!

Punktgenau

Als »Unternehmer« sprenge ich meine Grenzen und mache ab sofort das Unmögliche möglich.

PAULS MOTIVATIONSTIPP:

WIR LEBEN ZWAR ALLE UNTER DEM GLEICHEN HIMMEL, ABER WIR HABEN NICHT ALLE DEN GLEICHEN HORIZONT.

Konrad Adenauer

3.04 Mein Verstand bringt mich um den Verstand

»Zwei Seelen wohnen, ach, in meiner Brust«, *heißt es in Goethes »Faust«. In Wahrheit aber sind es drei Seelen, die uns am Leben erhalten. Vereinfacht ausgedrückt unterteilt sich der geistige Bereich eines Menschen, also die Kommando- und Schaltzentrale, in drei Teile, und zwar in das Bewusstsein (landläufig als Verstand bezeichnet), das Unterbewusstsein und das Überbewusstsein. Das Bewusstsein hilft uns bei der täglichen Entscheidungsfindung und sorgt dafür, dass sich der menschliche Körper in seiner Umwelt bewegen kann. Es nimmt nur einen sehr kleinen Teil vom Gesamtbewusstsein ein. Etwa so viel wie die Spitze eines Eisberges, die aus dem Wasser ragt. Der weitaus größere Teil, das sogenannte Unterbewusstsein, liegt im Verborgenen, so wie auch der größere Teil des Eisberges unter Wasser liegt (etwa fünf Sechstel seines gesamten Volumens liegen unterhalb der Wasseroberfläche). Das Unterbewusstsein ist allwissend. Es ist im Wesentlichen mit der Wiederholung erlernter Verhaltensweisen befasst. Darüber hinaus speichert es riesige Datenmengen. Haben wir etwas gelernt und es möglicherweise öfter angewendet, verschwindet es im Unterbewusstsein, ist aber jederzeit abrufbar. Das Überbewusstsein dagegen ist, wenn Sie so wollen, die Verbindung zur unendlichen Weisheit. Diese menschliche Einrichtung ist gewaltig. Nur mit Grauen und Schrecken erinnert sich die Welt an den 11. September 2001 zurück. Kein Ereignis hat die Menschen in den letzten Jahren so aufgewühlt wie dieser feige Terroranschlag in den USA. Heute weiß man, dass die Kinder der Frauen, die zu dieser Zeit schwanger waren und diese Bilder verfolgten, oft traumatisiert sind und sich mit Ängsten plagen. Damit konnten Wissenschaftler nachweisen, dass unser Unterbewusstsein schon im Mutterleib aktiv ist, also rund um die Uhr über uns wacht!*

Viele Arbeiten, die wir tagtäglich verrichten, wären ohne das Unterbewusstsein gar nicht durchführbar. Wenn ich Sie fragen würde, was Sie heute auf dem Weg von Ihrer Wohnung zum Arbeitsplatz alles erlebt haben, würde Ihnen wahrscheinlich gar nichts einfallen. Ja, Sie wüssten noch nicht einmal, wie schnell Sie gefahren sind oder an wie vielen Ampeln Sie halten mussten. Sie wissen aber, dass Sie nicht zu schnell gefahren sind und sich damit an die Verkehrsregeln gehalten haben. Sie wissen auch, dass Sie keine rote Ampel überfahren haben. Was macht Sie so sicher? Nun, es ist Ihr Unterbewusstsein, Ihr treuer Freund und Helfer, der Sie von der Alltagsroutine entlastet, damit Sie leichter durchs Leben gehen können. Trotz aller technischer Fortschritte wären wir Menschen kaum in der Lage, die Herausforderungen des Alltags zu meistern, gäbe es nicht das Unterbewusstsein, das nach einem ganz einfachen System arbeitet: einmal gelernt, für immer behalten. Kein Kind wird ein zweites Mal auf die heiße Herdplatte greifen, weil es weiß, dass es ihm nicht gut bekommt und Schmerzen verursacht. Dieses Wissen ist für das ganze Leben im Unterbewusstsein abgespeichert. Unser Unterbewusstsein ist allwissend. Dennoch neigen wir dazu, unseren überlegenen Verstand bei der Lösung von Aufgaben einzusetzen, statt auf das Unterbewusstsein zurückzugreifen. Das Unterbewusstsein interessiert sich nicht für die Dinge, die wir wirklich wollen. Es ist lediglich Befehlsempfänger und führt nur aus, was wir uns vorstellen. Darin liegt die eigentliche Gefahr. Wenn nur die guten und wünschenswerten Dinge umgesetzt würden, gäbe es keine Schwierigkeiten. Doch mit der gleichen Präzision erfüllt das Unterbewusstsein auch unsere negativen Vorstellungen. Wenn Sie sich also permanent vorstellen, sich in den Finger schneiden zu wollen, hindert Sie Ihr gesunder Menschenverstand an der Durchführung. Der Verstand übernimmt seine Funktion und bewahrt uns vor körperlichen Schäden, die innerhalb unserer eigenen Entscheidungsgrenzen liegen. Vereinfacht ausgedrückt kann man sagen, dass alle Befehle aus dem Unterbewusstsein durch einen Filter, nämlich unseren Verstand, laufen. Das ist in den Fällen hilfreich, wo wir uns körperlich schaden könnten, wie das Beispiel mit dem Finger zeigt. Solche klaren Aufgaben kann unser Verstand also hervorragend abarbeiten. Schwieriger wird es für ihn, wenn die Lösung nicht so klar ist. Dann nämlich wirkt der Verstand eher hinderlich. Nehmen wir einmal an, Sie haben keinen beruflichen Erfolg. Mit einer Art Kopfkino (siehe nächstes Kapitel) können Sie Ihren Verstand überlisten und Ihren Wunsch quasi ungefiltert an das Unterbewusstsein senden. Ihr egoistisch veranlagter Verstand wird nun Ihr Vorhaben unter allen Umständen torpedieren und unablässig Versagensbotschaften senden: »Sieh dich um, wie willst du das schaffen?«, »Das kannst du nicht!«, »Das wird nie etwas!«, »Du hast keine Erfahrung, lass es sein.« Ignorieren Sie diese Botschaften und konzentrieren Sie sich voll und ganz auf Ihre Ziele. Dann hat Ihr Verstand keine Chance.

Obwohl wir Menschen »multitaskingfähig« sind – wir können viele Dinge gleichzeitig abarbeiten, die Frauen mehr als die Männer –, gilt das nicht für unsere Gedanken. Wir können immer nur einen Gedanken denken und dann den nächsten. Dieser »Mangel« hat einen entscheidenden Vorteil: Wenn

Sie Ihr Denken permanent mit guten Gedanken füllen, kann es Ihnen nicht schlecht gehen. Wenn Sie darüber hinaus noch positive Selbstgespräche führen, beschleunigen Sie sogar die von Ihnen gewünschten positiven Veränderungen. Sie könnten z. B. Folgendes sagen:

- ✓ Das schaffe ich leicht.
- ✓ Das habe ich schon öfter perfekt erledigt.
- ✓ Ich gebe mein Bestes.
- ✓ Die Aufgabe meistere ich schnell.
- ✓ Das geht mir gut von der Hand.
- ✓ Ich bin froh und heiter, Glück ist mein Begleiter.
- ✓ Mir geht es mit jedem Tag und in jeder Hinsicht immer besser und besser.

Punktgenau

Welche positiven Erlebnisse habe ich heute beobachtet?

PAULS MOTIVATIONSTIPP:

WENN DU DICH REICH FÜHLEN MÖCHTEST, DANN ZÄHLE ALL DIE DINGE, DIE DU BESITZT UND MIT GELD NICHT KAUFEN KANNST.

3.05 Mein Unterbewusstsein

Die tiefsten Schichten Ihres Unterbewusstseins bergen einen unerschöpflichen Vorrat an Möglichkeiten, Anlagen und Talenten in sich, die nur darauf warten, von Ihnen entdeckt zu werden. Diese Ihre Anlagen wollen sich durch Sie entwickeln und durch Sie zum Ausdruck kommen. Deshalb ist die Rolle, die das Unterbewusstsein in unserem Leben spielt, viel größer, als sich viele von uns vorstellen können. Das Unterbewusstsein ist der Sitz unserer Gewohnheiten, Komplexe und der Struktur unserer Persönlichkeit. Akzeptieren Sie die Existenz dieser einmaligen Energie und es werden sich Wunder auftun in Ihrem Leben. Seien Sie offen für alles Neue. Ihr Unterbewusstsein wird die Ihnen innewohnende unendliche Weisheit überall und jederzeit zum Ausdruck bringen.

Während unser »wacher« Verstand nur etwa zehn Eindrücke pro Sekunde registriert, erfasst unser Unterbewusstsein in derselben Zeit über 500 Eindrücke. Dadurch entsteht eine riesige Datenmenge, die ein Leben lang gespeichert wird. Das Unterbewusstsein arbeitet dabei wie die Festplatte eines Computers. Alles wird gespeichert. Hier wie dort wird gespeichert, was erfasst ist, und zwar ohne Bewertung. Der Computer speichert alles, ob einen Beschwerdebrief an das Finanzamt, die Liebeserklärung an den Lebenspartner oder die Kopie einer Rechnung. Es ist der Festplatte vollkommen egal, was gespeichert wird. Nach diesem Prinzip arbeitet auch das Unterbewusstsein als Teil des Gehirns, das alle Wunder der Technik schlägt. Wissenschaftler haben errechnet, dass wir dort Daten von mindestens 30 Millionen Gigabyte speichern können, so viel, wie auf die Festplatten von 300.000 handelsüblichen Computern passt. Mit anderen Worten: Ein Leben reicht nicht aus, unsere »Platte« im Gehirn zu beschreiben.

Der Computer speichert alles, was Sie möchten. Er löscht auch nur das, was Sie möchten. Von allein würde er nie auf die Idee kommen, Dateien zu löschen. Sie müssen ihm diesen Befehl geben. Alle Computerprogramme werden blind und unfehlbar ausgeführt. Das Programm unterscheidet nicht, ob die dort gespeicherten Informationen gut oder schlecht sind. Geben Sie Müll ein, kommt Müll heraus! So einfach ist das. Genau so ist es auch mit dem

Unterbewusstsein. Es nimmt alles auf, egal ob Sie es wollen oder nicht. Negative Gedanken und Emotionen werden genauso gespeichert wie alles Positive. Unser Unterbewusstsein wird programmiert durch unsere Wahrnehmung.

Alle Informationen, die von uns wahrgenommen werden, werden zusammengefasst, gebündelt und bei Bedarf abgerufen. Letzteres geschieht natürlich nicht bewusst, wie sollte es auch? Unser Bewusstsein ist zu einfach strukturiert, um komplexere Sachverhalte zu analysieren. Unser »Bauchgehirn«, viele nennen es auch die innere Stimme, ist da weitaus komplexer. Es speichert unsere Lebenserfahrung in Form von Gefühlen. Diese können in Bruchteilen von Sekunden abgerufen werden. Prof. Dr. Wolf Singer vom Max-Planck-Institut für Hirnforschung in Frankfurt sagt: »Intuition ist der Teil des Wissens, der im Unterbewusstsein bleibt und unseren Körper Signale senden lässt.« Das Kribbeln im Bauch oder der Kloß im Hals sind sogenannte somatische Marker.[10] Diese Marker senden uns ein »Go« oder ein »Stopp«. Verblüffende Experimente zeigen, dass diese Prozesse, selbst bei größter Anstrengung, nicht zu beeinflussen sind. Sie entziehen sich vollständig unserem Willen. Das konnte der Psychologe Ulf Dimberg von der Universität im schwedischen Uppsala vor einigen Jahren in einem interessanten Experiment unter Beweis stellen.[11] Er präsentierte seinen Probanden eine Reihe von Porträts menschlicher Gesichter, mit der Anweisung, beim Betrachten derselben ja keine Miene zu verziehen. Auf den ersten Blick wahrten die Versuchspersonen ihr Pokerface dann auch. Doch dünne Kabel kontrollierten den Spannungszustand der Gesichtsmuskeln. Von besonderem Interesse für die Wissenschaftler waren zum einen die Muskeln an der Wange, die unsere Freundlichkeit zum Ausdruck bringen und für unser Lachen stehen. Zum anderen beobachteten sie die Muskeln an der Stirn, die Sorgen und Ärger zum Ausdruck bringen. Die Porträts wurden für eine halbe Sekunde eingeblendet. Zwischen den einzelnen Bildern lag eine kleine Pause. Jedes Mal, wenn in einer Abfolge neutraler Porträts ein fröhliches Antlitz erschien, meldeten die Sensoren einen Reiz. Die Testpersonen hatten gelächelt, wenn auch nur ganz leicht. Interessanterweise funktionieren solche Versuche sogar, wenn ein Bild nur für 40 Millisekunden eingeblendet wird, also so kurz, dass man es gar nicht bewusst wahrnimmt. Als Porträts mit verärgerten Gesichtern gezeigt wurden, passierte das Gleiche. Obwohl sich die Probanden bemühten, keine Miene zu verziehen, registrierte das Aufzeichnungsgerät feinste Aktivitäten.

Sie sehen, unser Unterbewusstsein ist unbestechlich. Alle Informationen, die wir täglich aufschnappen, werden ohne Umwege dorthin befördert. Alles, was Sie einmal gesehen, gehört oder erlebt haben, wird vom Bewusstsein wahrgenommen und im Unterbewusstsein abgespeichert. Wer einmal im Leben von einem großen Hund gebissen wurde, nähert sich zukünftig nur noch sehr vorsichtig einem Hund. Denn mit der Erinnerung an die alte Situation geht immer auch das erlebte Gefühl einher. Wer einmal seine Hand verbrannt hat, weiß, welche Schmerzen damit verbunden sind. Diese Erinnerungen schützen insbesondere den Körper vor weiteren Angriffen, die ihn nur schwächer machen würden. Sowohl die Erinnerung als auch das Gefühl sind unauslöschlich im Unterbewusstsein gespeichert. Was hier einmal abgelegt wurde, kann binnen Nanosekunden abgerufen werden.

Überzeugungen beeinflussen am stärkten unsere Wahrnehmung und damit unsere Persönlichkeit. Eine Studie wollte herausfinden, welchen Einfluss die Umwelt auf die Persönlichkeit und Entwicklung des Menschen hat. Man befragte u. a. zwei Brüder, es waren eineiige Zwillinge, die eine schwere Kindheit hatten. Der Vater war Alkoholiker und saß bereits mehrfach im Gefängnis, weil er wegen seiner Trunksucht einige Straftaten begangen hatte. Einer der beiden Brüder war wie sein Vater geworden. Auch er plagte sich mit Alkoholproblemen, wurde ebenfalls straffällig und saß im Gefängnis. Der andere arbeitete als erfolgreicher Rechtsanwalt. Er hatte eine eigene Kanzlei, war verheiratet, nannte zwei Kinder sein Eigen und war nicht ganz unvermögend. Beide wurden gefragt: »Wie erklären Sie es sich, dass Sie zu dem geworden sind, was Sie heute sind?« Beide antworteten dasselbe: »Bei meinem Vater kann man wohl nichts anderes erwarten.« Die darin enthaltene Botschaft ist klar: Niemand kann sich den Platz, in den er hineingeboren wird, aussuchen. Doch jeder hat es selbst in der Hand, wie er damit umgeht. Es sind nie die Umstände und Bedingungen, unter denen wir aufwachsen, sondern immer nur unsere Einstellung dazu. Je mehr negative Botschaften an das Unterbewusstsein gesendet werden, desto größer ist die Wahrscheinlichkeit, dass wir in dasselbe Verhaltensmuster fallen, das wir aus tiefstem Herzen ablehnen. So schwer die Situation auch sein mag, man muss immer das Gute in ihr sehen, so wie der Bruder, der Rechtsanwalt geworden ist. Er ließ nur positive Gedanken zu und konnte trotz der widrigen Umstände, unter denen er in den ersten Lebensjahren litt, ein erfolgreiches Leben führen. Wir allein haben die Macht und die Kraft, unserem Leben die Richtung zu geben, die wir uns wünschen. Dabei ist unser Unterbewusstsein unser treuester und bester Begleiter.

Punktgenau

Habe ich heute, bei wichtigen Entscheidungen, auch auf mein Bauchgefühl geachtet?

PAULS MOTIVATIONSTIPP:

**GOTT, GIB MIR DIE KRAFT,
DIE DINGE ZU ÄNDERN,
DIE ICH ÄNDERN KANN,
DIE GELASSENHEIT,
DINGE HINZUNEHMEN,
DIE ICH NICHT ÄNDERN KANN,
UND DIE WEISHEIT,
DAS EINE VON DEM ANDEREN
ZU UNTERSCHEIDEN.**

Friedrich Christoph Oetinger

3.06 Wir können nur ernten, was wir säen

Wer im Sommer Äpfel ernten möchte, muss zwei Voraussetzungen erfüllen: Er muss erstens rechtzeitig säen und zweitens die richtige Saat legen. Dieses einfache Naturgesetz lässt sich auf fast alle Lebensbereiche übertragen. Wir ernten immer, was wir säen. Wer einen Apfelbaum möchte, muss Apfelkerne pflanzen und keine Kirschkerne. Genauso verhält es sich mit unseren Gedanken. Wer glücklich und zufrieden leben möchte, muss zunächst einmal die richtige »geistige« Saat legen, nämlich positive Gedanken. Veränderungen finden immer in uns statt und nie außerhalb. Wenn wir innerlich unzufrieden und zerrissen sind, können wir nach außen nicht das Bild eines zufriedenen, glücklichen Menschen abgeben. Erst, wenn wir bereit sind, uns innerlich zu verändern, werden diese Veränderungen schon bald in unserer Umwelt deutlich.

»Der Körper lügt nie«, sagt der Volksmund, denn das, was unser Körper aussendet, ist machtvoller als das, was wir sagen. In zahlreichen wissenschaftlichen Studien, u. a. vom Sozialpsychologen Albert Mehrabian aus dem Jahre 1972, wurde bewiesen, dass wir andere Menschen bis zu 55 Prozent über sogenannte nonverbale Signale (Körpersprache), zu 38 Prozent über die Stimme (Tonalität) und nur zu 7 Prozent über die gesprochenen Worte (Inhalte) wahrnehmen. Diese Zahlen verdeutlichen, wie wichtig die richtige geistige Einstellung ist.

Auf Ihrem Weg zum Erfolg ist Ihr Verstand häufig der größte Bremser, ein wahrer »Erfolgverhinderer«. Sie können noch so viele positive Gedanken säen, am Ende wird Ihr Verstand Sie mit »seiner« Gegenwart konfrontieren und Ihnen einzureden versuchen, dass Sie es nie und nimmer schaffen können. Wie einfach wir uns täuschen lassen, macht ein kleines Experiment deutlich. Sicher tragen Sie eine Armbanduhr. Bitte schauen Sie jetzt nicht auf das Ziffernblatt. Experten sagen, dass wir im Durchschnitt rund 100-mal am Tag auf die Uhr schauen. Somit schauen auch Sie innerhalb eines Jahres rund 37.000-mal auf Ihre Armbanduhr. Ich möchte Sie jetzt bitten, folgende Fragen zu beantworten (ohne dass Sie dabei auf das Ziffernblatt schauen):

- ✓ Welche Farbe hat das Ziffernblatt?
- ✓ Sind Zahlen auf dem Ziffernblatt?
- ✓ Gibt es einen Sekundenzeiger?
- ✓ Welche Farbe hat der Minutenzeiger?
- ✓ Wie wird die Datumsanzeige dargestellt?
- ✓ Sind die Stundenzahlen markiert?

Wie viele Fragen konnten Sie richtig beantworten? Ich bin mir sicher, dass es nicht viele sind. Die zentrale Botschaft aus diesem kleinen Experiment ist schnell erklärt: Obwohl Sie bis zu 37.000-mal im Jahr auf Ihre Uhr schauen, kennen Sie sie nicht genau. Das zeigt, wie schnell wir uns täuschen lassen, sorry, wie sehr sich unser Verstand täuschen lässt. Obwohl »er« zigtausendmal im Jahr aufs Ziffernblatt schaut, weiß er in einer wichtigen Situation nichts. Angesichts dieser »traurigen« Feststellung frage ich Sie: ***Warum sollen Sie Ihrem Verstand glauben, wenn er Ihnen einzureden versucht, dass Sie keinen Erfolg haben?*** Respektieren Sie Ihren Verstand. Alles andere überlassen Sie Ihrem Unterbewusstsein. Es wird Sie dabei unterstützen, dass die von Ihnen gelegte Saat in jedem Fall aufgeht, und zwar in die von Ihnen gewollte Richtung. »Glaubt dem, der es erfahren hat«, mahnte schon der große römische Dichter Ovid.

Ich bin mir sicher, wenn die Hummel oder die Forelle denken könnten, also ihren Verstand benutzen müssten, würden sie nicht zu ihren sensationellen Leistungen fähig sein. Nach den Gesetzen der Aerodynamik ist es völlig unmöglich, dass eine Hummel überhaupt fliegen kann. Sie ist viel zu dick und hat viel zu kleine Flügel. Doch die Hummel schert sich nicht darum und macht genau das, was sie eigentlich nicht kann: Sie fliegt. Gleiches gilt für die Forelle. Die Forelle ist in der Lage, völlig regungslos im strömenden Wasser zu verharren, ohne sich auch nur einen Millimeter von der Stelle zu bewegen. Wer einmal versucht hat, gegen den Strom zu schwimmen, weiß, dass das nur mit größter Kraftanstrengung möglich ist. Sich dabei nicht zu bewegen, ist fast unmöglich. Die Forelle weiß das nicht und verharrt weiterhin bewegungslos im strömenden Wasser.

Punktgenau

Welche »gedankliche« Saat habe ich heute gelegt?

PAULS MOTIVATIONSTIPP:

ES IST EIN GROSSER UNTERSCHIED, OB WIR SPIELEN, UM NICHT ZU VERLIEREN, ODER OB WIR SPIELEN, UM ZU GEWINNEN.

3.07 Ich kann, was ich will

Jeder Tag, an dem Sie sich gehen lassen und die sich bietenden Chancen nicht nutzen, ist ein verlorener Tag – in Anspielung auf das bekannte Charlie-Chaplin-Zitat: ***»Ein Tag ohne Lächeln ist ein verlorener Tag.«*** Was auch immer passiert in Ihrem Leben, nichts sollte Sie davon abhalten, das zu tun, was Sie für richtig halten. Wer sagt, er kann dieses oder jenes nicht, lügt. Das hat nichts mit Können zu tun, sondern lediglich mit nicht vorhandenem Willen. Aus meiner Sicht ist es doch besser, zunächst einmal die Situation zu akzeptieren und dann zu überlegen, wie sich daraus das Beste machen lässt bzw. wie es sich dauerhaft zur eigenen Zufriedenheit ändern lässt. Alles andere löst keine Probleme. Mir fällt in diesem Zusammenhang das Bühnenstück »Mutter Courage« von Bertolt Brecht ein. Die Geschichte ist schnell erzählt. Sie spielt zu Zeiten des Dreißigjährigen Krieges. Auf einem Bauernhof vor der Stadt Halle haben Bauern Mutter Courage aufgenommen, die mit ihrer stummen Tochter Katrin auf der Flucht ist. Mitten in der Nacht kommen die feindlichen Soldaten auf den Hof. Sie sind auf dem Weg zur Stadt, um sie einzunehmen. Sie zwingen den Bauernsohn, ihnen den besten Weg in die Stadt zu zeigen. Danach ziehen sie weiter. Der Bauer steigt aufs Scheunendach und sieht, dass in der Stadt kein Licht brennt. Auch die Wachtürme der Stadt sind scheinbar unbesetzt. Es ist kein Mensch zu sehen. Dennoch muss die Stadt vor den aufziehenden Feinden gewarnt werden. Die Bäuerin resigniert und jammert: »Wenn wir nur mehr wären … Aber so können wir nix machen. Nix!« Dann dreht sie sich zur stummen Katrin und sagt: »Bet, armes Tier, bet! Wir können nix machen gegen das Blutvergießen. Wenn du schon nicht reden kannst, kannst doch beten!« Daraufhin knien alle nieder und beten. Plötzlich steht Katrin auf, schnappt sich etwas und klettert unbemerkt aufs Dach des Bauernhauses. Dann beginnt sie mit aller Kraft, eine Trommel zu schlagen. Sie trommelt ohne Unterlass, bis die Menschen unten im Dorf wach werden und die Glocken zum Sturm läuten. Alle verstehen die Warnung und so rettet Katrin durch ihren beherzten Eingriff die Stadt vor dem Schlimmsten. Während also die Bäuerin nur jammert, statt beherzt zuzupacken, steht ein Mädchen auf und rettet die verfahrene Situation. Sie fragt sich in diesem Moment nicht, ob sie etwas kann. Sie tut das einzig Richtige, während ihre Mutter Courage sich so verhält wie die meisten Menschen. Sie verzweifeln, sie jammern, sie klagen, sie zerfließen in Selbstmitleid und geben sich auf. Das Unerträgliche an diesem Verhalten ist nicht nur, dass diese Menschen verloren sind, sondern dass sich ihr Verhalten auch noch auf andere überträgt. Somit werden auch diese von dem »Elend« erfasst, weil sie nur Schlechtes hören. Am Ende sind alle davon überzeugt, dass die Lage wirklich so schlimm ist, sodass die gesamte Gruppe in eine Art Massentrance verfällt. Sie ziehen sich gegenseitig immer weiter hinunter und gehen letztlich vor die Hunde. Katrin aber hat gezeigt, dass es immer eine Lösung gibt, man muss nur bereit sein, einen neuen Weg zu gehen und die Dinge zu ändern. Ihr Wille rettete letztlich vielen Menschen das Leben.

Der irische Dichter George Bernard Shaw empfahl: ***»Du siehst Dinge und fragst ‚Warum?‘ Doch ich träume von Dingen und sage ‚Warum nicht?‘«***

Wenn Sie bereit sind, sich auf Neues einzulassen und Altes endgültig zur Seite zu schieben, werden Sie plötzlich wunderbare Dinge in Ihrem Leben erleben. Niemand erwartet von Ihnen, dass Sie sofort Ihr gesamtes Leben umkrempeln. Fangen Sie in kleinen Schritten an, indem Sie zunächst Ihr Umfeld beobachten und sich fragen, warum auch Sie bestimmte Dinge einfach nur tun, weil Sie sie schon immer so getan haben. Sie werden überrascht sein, dass in Ihrem Alltag plötzlich Handlungen sichtbar werden, die eigentlich bar jeder Vernunft sind. Wichtig ist, dass Sie sich auf Ihre Stärken konzentrieren, auf das, was Sie am besten können. Ignorieren Sie Ihre Schwächen. Das Leben ist viel zu kurz, um sich damit zu beschäftigen. Stärken Sie Ihre Stärken! Diese simple Botschaft hat es in sich. Noch immer neigen viele dazu, immer nur auf ihre Schwächen, ihren Mangel zu schauen, statt ihre Talente zu fördern.

Dieses Verhalten erinnert mich an einen jungen traurigen Zitronenfalter:
Es gaben Herr und Frau Zitronenfalter ihrem Kind den Namen Walter. Wobei sich schon nach Kurzem zeigte, dass Walter, obzwar fröhlich gelb, zur Schwermut neigte. Es sprach der Regenwurm verwundert: »Wie kommt es, dass du nicht fröhlich bist? Als einer von den oberen Hundert, den noch dazu das Huhn nicht frisst? Du kannst alles, was du willst: gleiten, fliegen, lichtwärts schweben, welch ein Leben!« Walter bebte mit den Fühlern. Er konnte kaum die Tränen halten, als er sprach: »Eins kann ich nicht: Zitronen falten.«

Der Zitronenfalter hat alles, wovon ein Regenwurm nur träumen kann. Doch er konzentriert sich auf das, was er nicht kann: Zitronen falten. Seine Entschuldigung: Ich kann nicht! Diese Einstellung ist verheerend. Jeder Mensch hat die Chance, erfolgreich zu werden, vorausgesetzt, er nutzt seine Ressourcen, verbunden mit der klaren Botschaft: ***Ich will!***

Das erinnert mich an einen befreundeten Makler, der in einer Großstadt den Auftrag bekam, ein Einfamilienhaus an einer dicht befahrenen Bundesstraße zu verkaufen. Zu allem Überfluss lag das Haus auch noch direkt in der Einflugschneise eines Großflughafens. Eigentlich ist so etwas nicht zu verkaufen. Doch mein befreundeter Makler strich schon vor Jahrzehnten »Ich kann nicht« aus seinem Vokabular. Für ihn gab es keine unverkäuflichen Immobilien. Er war sich sicher, dass es für jedes Objekt einen Käufer geben muss. Diese Einstellung hat ihn zum erfolgreichsten Makler am Platze werden lassen. Insofern wunderte es mich nicht, dass er schon kurze Zeit später das besagte Haus mit einer »sehr guten« Infrastruktur verkaufte, und zwar an einen Piloten, der aufgrund einer Krankheit berufsunfähig war. Voller Leidenschaft saß er jeden Tag im Garten und beobachtete die startenden und landenden Maschinen mit wachsender Begeisterung. Der Lärm störte ihn nicht, weil er durch die Krankheit sein Gehör verloren hatte. Womit klar ist, dass nichts unmöglich ist für den, der da glaubt!

Punktgenau

Welches Problem habe ich bis heute nicht richtig angepackt? Wie werde ich es jetzt lösen?

PAULS MOTIVATIONSTIPP:

MIT ABSICHTEN KANN MAN NICHT BERÜHMT WERDEN.

Henry Ford

3.08 Erfolge folgen

Auch wenn ich Ihnen keine Studie vorlegen kann, bin ich mir absolut sicher, dass die meisten Menschen auf die Frage »Warum arbeiten Sie?« unisono antworten würden: »Ich muss Geld verdienen.« Daran gibt es in der Tat auch nicht viel auszusetzen, schließlich ist ein Leben ohne Geld in unserer Zivilisation nicht mehr möglich. Dennoch darf Geld nie im Mittelpunkt stehen. Was ist das für ein Leben, wenn man im Schweiße seines Angesichts nur deshalb arbeitet, um Geld zu verdienen, getreu dem Motto: »Besser ein paar Schweißperlen auf der Stirn als gar keinen Schmuck.« Leben ist Freude, und zwar immer und zu allen Zeiten. Es kann und darf nicht sein, dass sich die Lebensfreude nur auf die Abendstunden zu Hause beschränkt, während sie morgens quasi an der Stechuhr abgegeben wird, um für die nächsten acht Stunden Dienst nach Vorschrift zu leisten. Immerhin verbringen wir im Durchschnitt ein Drittel unseres Tages direkt am Arbeitsplatz. Rechnet man dann noch die Hin- und Rückfahrtszeiten, kommen schnell zehn Stunden und mehr zusammen. Mit anderen Worten: Die meiste Zeit verbringt ein Großteil der arbeitenden Bevölkerung unter der Woche mit dem Geldverdienen und hat dazu ganz offensichtlich immer weniger Lust, wie eine repräsentative Umfrage[12] der Potsdamer Unternehmensberatung Gallup ans Licht bringt. Danach waren zum Zeitpunkt der Befragung nur noch 12 Prozent der Mitarbeiter engagiert und mit ihrem Job zufrieden. Im internationalen Vergleich rangiert Deutschland damit im unteren Mittelfeld, weit abgeschlagen hinter Ländern wie den USA (30 Prozent), Kanada (24) oder Israel (20). Lediglich Japan (9 Prozent), Frankreich (6) und Singapur (4) weisen eine noch schlechtere Arbeitsmoral als hierzulande auf. Diese katastrophale Einstellung führt dazu, dass 70 Prozent der deutschen Angestellten nur noch Dienst nach Vorschrift machen. Der dadurch entstehende Schaden ist enorm. Gallup schätzt den gesamtwirtschaftlichen Schaden allein für Deutschland auf bis zu 260 Milliarden Euro jährlich! Das ließe sich verhindern. Eine andere Langzeitstudie[13] kommt hier zu einem fantastischen Ergebnis. Sie ist quasi die Antwort auf die Frage, wie die Leistung eines Unternehmens signifikant gesteigert werden kann. Wenn die Belegschaft motiviert ist, steigt die Produktivität um 25 Prozent, die Fluktuation sinkt um 80 Prozent. Das ist die zentrale Botschaft aus der besagten Studie, an der vier Millionen Arbeitnehmer in 89 Ländern teilnahmen. Damit ist klar, wo die Herausforderung liegt, und zwar zu allen

Zeiten. Wer nicht motiviert ist, schafft nicht nur weniger, sondern trägt auch dazu bei, dass das Gesamtbild nicht stimmt. Interessant finde ich in diesem Zusammenhang eine Studie[14] des amerikanischen Glücksforschers mit dem unaussprechlichen Namen Mihaly Cziksczentmihalyi. Er befragte Tausende von Freiwilligen: Wie fühlen Sie sich? Was tun Sie gerade? Die Antworten waren überraschend. Am glücklichsten waren die Befragten nicht beim Sonnenbaden oder Nichtstun, sondern bei einer ernsthaften Beschäftigung. Dabei gibt es immer wieder Momente, in denen man ganz und gar die Zeit vergisst und in seiner Aufgabe aufgeht. Diese Momente, die der Forscher als Flow bezeichnet, entstehen, wenn man die Arbeit freiwillig tut, sie als Herausforderung empfindet, die man aber bewältigen kann.

Im sogenannten goldenen Mittelalter wurden die meisten und größten Kirchen und Kathedralen gebaut. Damals mussten die Menschen schwer schuften, um diese gewaltigen Monumente zu erstellen. Es gab weder Förderbänder noch Kräne. Die schwere Arbeit wurde überwiegend mit Muskelkraft erledigt. Die Menschen hatten allen Grund, sich über ihre Arbeit zu beschweren, zumal sie auch nicht immer gut bezahlt wurden. Arbeitsschutz, Lohnfortzahlung im Krankheitsfall oder eine staatliche Rente suchte man zu dieser Zeit vergebens. Kein Wunder, dass viele Menschen nur am Jammern waren. »O weh! Es ist um uns getan. Entfliehe, wer entfliehen kann«, jammerte auch schon Goethe. Die Baumeister der Kathedralen kannten die Gründe nur zu gut, weshalb das Gros der Arbeiter unzufrieden war. Als einmal ein leitender Baumeister auf die große Baustelle kam, sah er, wie zwei Männer schwere Teile schleppten. »Was macht ihr da?«, wollte er wissen. »Das sehen Sie doch, wir rackern uns ab«, erwiderten die Befragten. Der Baumeister lief zu einem Maurer, der gerade damit beschäftigt war, die Steine auszurichten. Auch hier fragte er: »Was machen Sie da?« Der Maurer antwortete mürrisch: »Ich maure, wie man doch wohl sehen kann.« So ging es weiter. Jeder, den der Baumeister fragte, jammerte. Sie alle waren aufgrund der schweren Arbeit nicht gerade gut zu sprechen. Beim Verlassen der Baustelle traf der Baumeister auf einen älteren Herrn, der damit beschäftigt war, Steine zu klopfen, damit die Maurer leichter arbeiten konnten. Auch er wurde gefragt: »Was machen Sie da?« Natürlich rechnete der Baumeister mit der gleichen Antwort, doch was er jetzt hörte, überraschte ihn sehr: »Ich baue eine Kathedrale«, sagte der Befragte.

Obwohl alle an einer Vision arbeiteten, nämlich eine Kathedrale zu bauen, gingen sie alle verschieden damit um. Dieses Beispiel verdeutlicht, dass allein die Einstellung zu einer Sache dazu führt, wie man sich fühlt. Man kann eine Tätigkeit als notwendiges Übel ansehen, wie die Maurer, die schwere Arbeit leisteten, oder aber auch als Herausforderung, einen Traum zu verwirklichen, wie eben der Mann, der nur Steine klopfte. Eine Tätigkeit übrigens, die einem viel abverlangt und stupider nicht sein kann. Doch das interessierte diesen Arbeiter nicht. Seine Vision hatte er klar vor Augen: eine Kathedrale bauen.

Henry Ford sagte: ***»Ob du glaubst, du kannst es, oder ob du glaubst, du kannst es nicht: Du hast immer recht.«*** Glauben Sie an Ihren Misserfolg und Sie haben ihn. Glauben Sie an Ihre Vision, glauben Sie an Ihren Erfolg, und Sie werden Erfolg haben. »If you can dream it, you can get it«, sagte auch Walt Disney. Am Anfang einer Vision steht das Träumen. Wenn Sie eine klare Vorstellung von dem haben, was Sie erreichen möchten, wird Sie niemand von diesem Weg abbringen. Auch Walt Disney hat für seine Erfolge gearbeitet. Obwohl er mehrfach pleite ging und kaum Geld zum Leben hatte, hielt er an seiner Vision fest, die 1955 Wirklichkeit wurde: ein Fantasiepark für Alt und Jung. Dieser Park ist heute so etwas wie die Mutter aller Freizeitparks. Damit hatte Walt Disneys Vision sich erfüllt. Visionen sind Energien, die nach vorne drängen, die sich ausleben wollen. Eine gute Vision ist der Motor aller Entwicklungen. Martin Luther King hatte eine Vision: »I have a dream«, genauso wie Bill Gates, der einen Computer auf jedem Schreibtisch und in jedem Haushalt sah. Diese Vision gebar er in den 80er-Jahren, zu einer Zeit, als nur wenige Menschen aufgrund der hohen Kosten in der Lage waren, einen Computer zu kaufen. Heute wissen wir, dass 90 Prozent aller Computersysteme mit Microsoft-Software arbeiten. Die meisten der heute erfolgreichen Menschen wurden zu Beginn ihrer Karriere oft belächelt und für »verrückt« erklärt. In der Tat waren sie ver-rückt, nämlich von der Normalität ent-rückt. Sie taten das, was sie für richtig hielten, und nicht, was die vielen Leisetreter für richtig hielten. Schon Arthur Schopenhauer erkannte zu seiner Zeit dieses Verhalten:

Ein neuer Gedanke wird zuerst verlacht, dann bekämpft, bis er nach längerer Zeit als selbstverständlich gilt.

Wer 1986 bereit war, dem Traum Bill Gates' zu folgen, und für 1000 US-Dollar Aktien seines Unternehmens erwarb, ist heute Millionär. Leben Sie Ihren Traum, Ihre Vision, und der Erfolg ist Ihnen sicher:

- ✓ Ihre Vision hat eine Zukunft.
- ✓ Ihre Vision bringt für jedermann einen Nutzen.
- ✓ Ihre Vision spornt Sie an, Dinge zu wagen, die andere für unmöglich halten.

Ihre Vision ist der größte Motivator. Wenn Sie alles Ihrem wichtigsten Ziel unterordnen, werden Sie Kräfte freisetzen, von denen Sie nicht einmal zu träumen gewagt haben. Sie werden überdies feststellen, dass Sie trotz der enormen Anstrengungen zu keiner Zeit müde und erschöpft sind. Ihr Körper produziert in diesen Momenten körpereigenes Rauschgift, sogenannte Endorphine, die Ihnen ein »saugutes« Gefühl geben. ***»Erfolgreiche Menschen sind besessen von dem, was sie tun. Deshalb empfinden sie Stress als beflügelnd«,*** sagt auch die amerikanische Erfolgsforscherin Karen Arnold vom Boston College[15].

Punktgenau

Mit welcher Einstellung widme ich mich den täglichen Aufgaben?

PAULS MOTIVATIONSTIPP:

ES SIND UNSERE ERWARTUNGEN AN ANDERE, DIE UNS UNGLÜCKLICH MACHEN, NICHT DIE ANDEREN.

3.09 Zufall fällt dir zu

Gern glauben viele Menschen an eine Art Schicksalsverteilungsstelle, die nichts anderes im Sinn hat, als uns zu schaden. Wiederum andere sind der Meinung, der liebe Gott sitzt auf seinem Thron und steuert via Fingerzeig die Geschicke der Menschen auf diesem Planeten. Möge er ihnen ihre kindliche Vorstellung bis ins hohe Alter erhalten. Ihnen ist nicht mehr zu helfen. Tatsächlich steht die Frage im Raum, ob es wirklich so etwas gibt wie Zufall? Von einigen Ausnahmen abgesehen, bin ich der festen Überzeugung, dass nichts in unserem Leben zufällig geschieht. Wobei die Betonung auf »unserem« liegt. Also auf Ihrem Leben! ***Wir leben in dem Gesetz von Ursache und Wirkung.*** Oder, um es in den bisherigen Worten auszudrücken: ***Wir ernten, was wir säen.*** Ihre Einstellung, Ihr Verhalten und Ihre Überzeugungen sorgen dafür, dass die Dinge passieren, die Sie wollen. Nicht der Zufall. Zufall ist nur ein Synonym für Entwicklungen, die wir nicht erklären können. Stellen Sie sich vor, Sie wollen sich ein neues Auto kaufen. Nach einigen Überlegungen haben Sie sich für das Modell entschieden, nur noch nicht für die Farbe. Sie werden überrascht sein, was nun passiert. Wie zufällig werden Sie ab sofort immer öfter diesen Fahrzeugtyp in unterschiedlichen Farben sehen, sodass es Ihnen leichter fällt, aufgrund der verschiedenen Bilder die richtige Farbe auszuwählen. Sie werden Ihren Freunden und Bekannten erzählen, dass Sie »zufällig« dieses Auto in Rot gesehen haben und nun zwischen rot, blau und schwarz schwanken. Jetzt aber wissen Sie, es soll rot sein. »Was für ein Zufall?« In der Tat sieht es für den Außenstehenden so aus, dass wie zufällig offensichtlich die halbe Nation mit diesem Fahrzeugtyp durch die Gegend fährt. Ich kann Sie beruhigen. Die fuhren vorher auch schon, nur interessierten Sie sich nicht dafür. Ihr Fokus war zu dieser Zeit auf andere Dinge gerichtet und nicht auf dieses Auto. Womit erklärt ist, dass uns genau die Dinge erreichen, auf die wir uns konzentrieren. Ein Seminarteilnehmer berichtete mir, dass er nur noch schwangere Frauen sah, als seine Frau selbst schwanger war. Mich hat das nicht gewundert. Dorthin, wohin wir unsere Aufmerksamkeit richten, verstärken wir die Entwicklungen und wir erhalten das, was wir bisher nicht für möglich hielten. In Anbetracht fehlender Erklärungen sprechen wir dann schnell von Zufall. Das funktioniert in alle Richtungen. Leider! Wenn Sie etwas nicht wollen und Ihre ganze Kraft darauf verwenden, dies nicht zu wollen, wird mit Sicherheit genau das Gegenteil eintreten. Womit klar ist, dass Sie nicht das bekommen, was Sie wollen, sondern das, was Sie sich am besten vorstellen können. Darüber habe ich bereits an anderer Stelle gesprochen. Wenn ich Sie bitte, nicht an einen rosa Elefanten zu denken, wird das kaum möglich sein. Was haben Sie vor Ihrem geistigen Auge gesehen? Einen schwarzen, roten, gelben, blauen, grünen oder rosa Elefanten? Sie haben mit Sicherheit zuerst den rosa Elefanten gesehen. Mit der Frage, ob sie einen schwarzen, roten, gelben, blauen, grünen oder rosa Elefanten gesehen haben, haben Sie tatsächlich jeden nacheinander in seiner Farbe gesehen. Zufall? Nein, sondern nur das Produkt Ihrer Wahrnehmung.

Natürlich mag der eine oder andere diese Gesetz von Ursache und Wirkung nicht akzeptieren. Zufall fällt einem im wahrsten Sinne des Wortes zu! So sieht es aus. Tatsache aber ist, dass Ihr Unterbewusstsein für Sie unentwegt dafür sorgt, dass Sie genau das bekommen, was Sie sich vorstellen können. Auch wenn es manchmal nicht danach aussieht. Denn der Zeitpunkt, an dem uns etwas zufällt, ist meistens nicht derselbe, an dem wir daran denken. Im alten Griechenland lebte und wirkte Archimedes, zu seiner Zeit ein großer Mathematiker und Erfinder sowie ein guter Freund des Königs Hieron. Eines Tages trug es sich zu, dass der König Hilfe in einer sehr heiklen Angelegenheit suchte. Er wollte herausfinden, ob ein Goldschmied, der vom König reines Gold erhalten hatte, um daraus eine Krone zu fertigen, alles überlassene Gold auch wirklich verarbeitet hatte. Archimedes sollte prüfen, ob die Krone aus reinem Gold hergestellt war. Keine leichte Aufgabe, wenn man bedenkt, dass den Menschen damals keine Computertechniken, Analysegeräte, Lasertechniken oder sonstige wissenschaftliche Geräte zu Prüfzwecken zur Verfügung standen. Archimedes dachte lange nach, ohne eine Lösung zu finden. Was also tun? Er bediente sich einer ganz einfachen Technik. Er ließ von dem Problem ab und übergab es seinem Unterbewusstsein, dem Zentrum des Wissens. Auch wenn es so aussehen mag, dass zunächst nichts geschieht, arbeitet das kreative Unterbewusstsein bereits an einer Lösung, die sich oft in völlig unerwarteten Momenten offenbart. So auch in diesem Fall. Archimedes stieg eines Tages in einen bis zum Rand gefüllten Waschzuber, um zu baden. In dem Augenblick aber, als er sich setzte, verdrängte sein Körper das Wasser und der Zuber lief über. Nun wusste Archimedes, wie er die drängende Aufgabe des Königs lösen konnte. Er sagte sich, wenn eine bestimmte Masse Wasser verdrängt, lässt sich genau feststellen, wie viel Wasser bei welcher Menge welcher Masse überläuft. Mit dieser Antwort aus dem Unterbewusstsein stellte Archimedes drei Waschzuber auf, die alle gleich hoch gefüllt waren. In den ersten Zuber legte er die Krone des Königs. Das Wasser floss, wie erwartet, über. In den zweiten Zuber legte er die vom König dem Goldschmied zur Verfügung gestellte Menge Goldes. Die gleiche Menge Silber wurde in den dritten Zuber gelegt. Nun brauchte Archimedes nur noch die Menge des überlaufenden Wassers zu messen. Seine Idee überführte schließlich den Goldschmied als Betrüger. Dieser hatte doch tatsächlich eine Silberlegierung benutzt und das eingesparte Gold für sich behalten.

Punktgenau

Neige ich dazu, meine Leistungen unter den Scheffel zu stellen und Erfolge als Zufall auszulegen? Ich werde noch heute eine Liste mit meinen 50 schönsten Momenten im Leben erstellen.

PAULS MOTIVATIONSTIPP:

DAS GLÜCK IST EIN MOSAIKBILD, DAS AUS VIELEN KLEINEN FREUDEN ZUSAMMENGESETZT IST.

Daniel Spitzer

3.10 Meine »lieben« Gewohnheiten

Ich wohne in einer Wohngegend von Düsseldorf mit großflächigem Park und gut ausgebauten Wegen. Gartengestalter und Architekten neigen dazu, eher ihre Träume zu verwirklichen und weniger auf praktische Dinge achtzugeben. So passierte es, dass in diesem Park wunderbare Gartenwege angelegt wurden, die zwar sehr schön anzuschauen, aber nicht sehr praktisch sind. Statt eine kurze Verbindung zwischen zwei Zielen zu schaffen, wurde mehr Wert auf Optik gelegt. Diese architektonischen Träumereien wurden schnell buchstäblich mit den Füßen getreten. Den Nutzern dieser Wege waren sie zu lang und zu verwinkelt, weshalb sie sich nicht genierten, durch die Plantagen und Beete zu laufen und so eine Abkürzung zu schaffen. Fortan nutzten auch andere, die nicht spazieren gingen, sondern auf dem schnellsten Weg etwas erledigen wollten, die ausgetrampelten, nicht gewünschten Pfade. So etwas sind lieb gewonnene Gewohnheiten, unter denen wir alle leiden. Leider greift hier nicht die Redensart: »Einmal ist keinmal.« Wir lieben die Bequemlichkeit, weshalb wir schnell auf »ausgetretenen« Pfaden wandern, ohne darüber nachzudenken, ob es auch noch andere Wege oder Möglichkeiten gibt. Vom kleinsten Floh bis hin zum größten Tier, dem Elefanten, wie ein Experiment beweist. Flöhe haben die Angewohnheit, in die Luft zu springen. Experten wollen nachgewiesen haben, dass sie bis zu einem halben Meter hoch springen können. Flohzirkusbetreiber bedienen sich einer List, um die Tiere für ihre Zwecke einzuspannen. Dazu sperren sie die kleinen Krabbler in eine geschlossene Dose. Die Höhe der Dose ist davon abhängig, wie hoch die Tiere später springen sollen. Nehmen wir an, sie sollen im Flohzirkus nur noch zehn Zentimeter springen, dann werden sie in ein zehn Zentimeter hohes Glas mit geschlossenem Deckel gesetzt. Jetzt möchten die Tiere natürlich höher springen als zehn Zentimeter, deshalb knallen sie in schöner Regelmäßigkeit mit ihrem »Dickschädel« gegen den Deckel. Weil das auf Dauer mehr schadet als nutzt, ändern die Flöhe ihr Verhalten und springen nur noch knapp unterhalb der Deckelhöhe. Nach einiger Zeit kann der »Zirkusdirektor« den Deckel abnehmen, weil er weiß, dass sie selbst bei geöffnetem Glas nicht mehr herausspringen. Sie haben sich daran gewöhnt, nicht höher als zehn Zentimeter zu springen.

Auch Elefanten verhalten sich ähnlich. Warum, glauben Sie, rennen Elefanten nicht weg, wenn man sie an einem kleinen Strick festbindet? Sie haben mit Sicherheit schon gesehen, wie die Elefantentreiber diese riesigen und vor allen Dingen starken Tiere an einem einfachen Strick führen. Mit einem Ruck könnte sich der Elefant befreien. Doch er rennt nicht davon. Schon kurz nach seiner Geburt wurde sein hinterer Fuß in schwere Eisenketten gelegt, sodass er in seiner Bewegung eingeschränkt war. Natürlich versuchte er sich zu befreien, indem er immer wieder an der Kette zog, bis die Haut sogar aufplatzte und blutete. Er lernte, dass er, sowie er angebunden ist, sich nicht mehr frei bewegen kann. Jeder Versuch, sich aus dieser misslichen Lage zu befreien, fügte ihm ungeheure Schmerzen zu. Dieses Programm ist für ewig in seinem Kopf gespeichert, sodass jetzt nur ein einfacher Strick reicht, um ihm das Gefühl zu geben, angebunden zu sein.

Vieles, natürlich nicht alles, ist aus der Tierwelt auf uns Menschen übertragbar. Auch wir verhalten uns nicht anders und halten an lieb gewonnenen Gewohnheiten fest, aus Angst, uns selbst zu schaden. Manche Ehe besteht schon seit Jahren nur noch auf dem Papier, und dennoch leben beide weiterhin, gleichsam wie Bruder und Schwester, zusammen, aus Angst vor dem Alleinsein. Andere halten während Jahrzehnten an ihrem schlecht bezahlten Arbeitsplatz fest aus Angst vor Arbeitslosigkeit. All diese Verhaltensweisen sind antrainiert. Kein Kind kommt mit diesem Gefühl der Ohnmacht zur Welt. Das Gegenteil ist der Fall und evolutionär auch gar nicht anders vorstellbar. Krabbelnde Kinder wollen eines Tages aufrecht gehen. Ist die Zeit reif, entwickeln sie eine unglaubliche Energie, dieses Ziel zu erreichen. Obwohl jeder Mensch diese Erfahrung gemacht hat, fehlt uns heute die Erinnerung daran. Wer aber kleine Kinder bei diesem Prozess beobachtet, wird sehen, dass sie dutzendfach hinfallen, aber immer wieder aufstehen. Sie bleiben nicht liegen. Das Wort Angst scheinen sie nicht zu kennen. Ein Erwachsener würde nach dem dritten Hinfallen liegen bleiben, weil er zum einen immer mehr Schmerzen spürt und zum anderen sich plötzlich die Gefahren ausmalt, die damit verbunden sind, es erneut zu versuchen. Deshalb ist es gut, dass wir vieles in den ersten zwei Lebensjahren lernen. Mit dem ausgebildeten Verstand wäre eine ähnliche Entwicklung kaum noch möglich.

Diese Beispiele zeigen, wie schwer es ist, sich zu verändern. Die Betonung liegt auf schwer und nicht auf unmöglich. Wer seine Gewohnheiten verändern will, wird es schaffen. Der heutige Mensch leidet unter Bewegungsmangel und Überfettung. Nun gibt es zwei Möglichkeiten, diesem Problem zu begegnen. Zum einen durch mehr Bewegung und zum anderen durch weniger fetthaltiges Essen. Was so einfach klingt, ist in der Praxis sehr schwer umzusetzen. Doch wenn nicht Sie sich verändern, wer sollte es dann für Sie tun? Es geht nicht anders, als dass Sie Ihre Gewohnheiten verändern. Dabei kommt es nicht darauf an, neue Rekorde zu brechen, sondern ausschließlich darauf, heute etwas zu verändern. Der kleinste Schritt kann der größte sein. Schon Konfuzius lehrte: ***»1000 Meilen beginnen mit dem ersten Schritt.«*** Statt also mit dem Fahrstuhl zu fahren, benutzen Sie einfach die Treppe. Ein kleiner Schritt, aber ein bedeutender für Sie. Bauen Sie immer wieder kleine Veränderungen in Ihren festgefahrenen Tagesablauf ein. So erreichen Sie langsam, aber stetig ein neues Bewusstsein.

Punktgenau

Welche Gewohnheiten stören mich seit Langem und was werde ich sofort dagegen unternehmen?

PAULS MOTIVATIONSTIPP:

DER BESTE WEG ZUM ZIEL VERLÄUFT SELTEN GERADE.

3.11 Darum werde ich mein Leben ändern

Als Angelo Giuseppe Roncalli völlig überraschend zum Papst gewählt wurde und den Namen Johannes XXIII. annahm, konnte er in den darauffolgenden Nächten aufgrund der großen Herausforderung dieses Amtes nicht einschlafen. Die Größe und die Verantwortung dieser Aufgabe lagen wie ein Stein auf seiner Seele. Dann erschien ihm in seinem Traum ein Engel mit der Botschaft: ***»Nimm dich nicht so wichtig.«*** Seit dieser Zeit konnte er wieder gut schlafen. In der Folge eroberte er als einer der wenigen Päpste die Herzen der Menschen im Sturm.

Häufig nehmen wir uns so wichtig, dass sich alles andere unterzuordnen hat. Ob Schauspieler, Politiker oder Fernsehstars, viele unter ihnen sind der Meinung, sie seien der Nabel der Welt. Spätestens dann, wenn sie merken, dass sich die Welt nicht mehr um sie dreht, fangen ihre Probleme an. In ihrer Verzweiflung greifen sie zu Tabletten, Alkohol und Drogen.

Unsere heutige Welt ist so komplex, dass der Einzelne nicht wichtig ist, und doch kommt es entscheidend auf ihn an. Ohne ihn wäre alles nichts. Wenn ich mich bis zur Hüfte in den Atlantischen Ozean stelle und mit der flachen Hand aufs Wasser schlage, lösen sich blitzartig Tausende von Wassertropfen, die in alle Richtungen spritzen. Ein interessantes Schauspiel. Wenn ein Wassertropfen denken könnte, dann würde er sich in diesem Moment richtig frei fühlen. Er ist dem großen Ozean entsprungen und hüpft nun in der Luft. Er ganz allein. Er, der »große« Wassertropfen. Diese Freude ist allerdings von kurzer Dauer. Nur in Bruchteilen von Sekunden fällt er dorthin zurück, wo er hergekommen ist, in den großen Ozean. Was bleibt, ist die Erkenntnis, dass man nur gemeinsam stark ist. Nie allein. Eine Firma könnte nur mit einem Chef besetzt genauso wenig funktionieren wie der menschliche Körper mit nur einem Organ.

Die Organe und Körperteile hatten es satt, für den Darm die Nahrung zu beschaffen. Sie waren es leid, so viel arbeiten zu müssen, während der Darm lang und behäbig vor sich hindöste. Also beschlossen sie, in Zukunft keine Nahrung mehr zu transportieren. Die Hände führten kein Essen mehr zum Mund, der dadurch auch nicht mehr kauen musste. Die Speiseröhre ruhte in sich und der Magen hatte auch nichts mehr zu tun. Kurzum: Alle waren zufrieden. Die Freude hielt nicht lange an. Schon nach kurzer Zeit wurde der Körper immer schwächer, Mangelerscheinungen stellten sich ein. Er drohte zu verhungern. Um nicht unterzugehen, nahmen alle Organe und Körperteile ihre Arbeit wieder auf und taten das, wozu sie auserkoren waren. Die Hand organisierte das Essen, die Speiseröhre transportierte es in den Magen, der es verkleinerte und an den Darm weitergab. Die Moral von der Geschichte: Überall und besonders in unserer Gesellschaft kommt es auf jeden Einzelnen an. Wer glaubt, aus diesem System ausscheren zu können und sein eigenes »Ding« ohne Rücksicht auf Verluste durchziehen zu können, wird über kurz oder lang eines Besseren belehrt.

Die aktuelle Entwicklung auf unseren Planeten Erde zeigt es doch sehr deutlich. Jahrzehntelang haben alle Nationen die Erde rücksichtslos ausgebeutet. Ohne Rücksicht auf Verluste ging es darum, zu fressen oder gefressen zu werden. Nur zu gut in Erinnerung ist mir die Zeit des Kalten Krieges. Aber nicht nur die militärische Situation machte mir zu schaffen, sondern insbesondere der Umweltfrevel vieler Staaten. Ob Rhein, Oder, Neisse oder Elbe, überall wurde ungefiltert dreckiges Wasser in die Flüsse geleitet. Während die »Entsorgungsländer« damit keine Probleme hatten, musste man in Deutschland große Anstrengungen unternehmen, um z. B. das Fischsterben zu unterbinden. An Baden war gar nicht mehr zu denken. Ob zu Land, zu Wasser oder in der Luft, in dieser Zeit wurden Umweltsünden ungeheuren Ausmaßes produziert. Die Folgen müssen wir heute ausbaden. Stichwort: Klimaveränderung. Nun ist niemandem damit geholfen, über die alten Zustände zu jammern. Jeder muss sich an seine eigene Nase fassen. Nur dann, wenn wir unser eigenes Verhalten ändern, ändern wir buchstäblich die Welt. Benutzen Sie noch einen alten Kühlschrank, der ein Vielfaches an Energie verbraucht, verglichen mit den neuen Geräten? Haben Sie noch immer 100-Watt-Glühbirnen im Haus statt Energiesparlampen? Wie viele Geräte in Ihrem Hause stehen auf »Standby«? Ist Ihr Haus oder Ihre Wohnung gut gedämmt und isoliert? Ist das Dach dicht? Sind die Fenster luftdicht? Es sind die kleinen Schritte, die uns alle vor einem großen Schaden bewahren. Ein chinesisches Sprichwort bringt es so auf den Punkt: ***»Wenn nur jeder vor seiner Tür kehrte, wäre die Welt sauber.«*** Statt also immer mit dem Finger auf die anderen zu zeigen, sollte jeder bei sich anfangen. Nur so bringen wir die Welt in Ordnung.

Punktgenau

Welche kleinen Veränderungen werde ich ab sofort für ein besseres Leben in meinen Alltag einplanen?

PAULS MOTIVATIONSTIPP:

DIE TAT UNTERSCHEIDET DAS ZIEL VOM TRAUM.

3.12 Schicksal bedeutet Chance

Das Wort *Schicksal* leitet sich ab aus dem niederländischen Wort *schicksel* und bedeutet so viel wie Fakt. Der Begriff *Fakt* wiederum kommt aus dem Lateinischen und heißt übersetzt Tatsache. Schicksal ist also eine Tatsache, etwas, was man zu akzeptieren hat. Wenn Sie ein Glas Milch umschütten, dann ist das eine Tatsache, die sich auch nicht mehr rückgängig machen lässt. Die Milch ist umgeschüttet – Fakt! Das gilt es zunächst einmal zu akzeptieren. Alles Jammern hilft nicht mehr. Es müssen jetzt Maßnahmen ergriffen werden, diese Situation zu bereinigen, was bei der verschütteten Milch weniger ein Problem ist. Mit dem Lappen werden die Hinterlassenschaften beseitigt und frische Milch ins Glas gegossen. Dieses simple Beispiel soll Ihnen zeigen, worum es im Leben eigentlich immer geht. Es geht zunächst darum, eine Tatsache und damit ein Schicksal zu akzeptieren und nicht Amok zu laufen. Nur mit klarem und wachem Geist ist es dann möglich, die Dinge zu tun, die in dieser Situation von Ihnen erwartet werden. Völlig egal, ob Sie Milch umschütten, einen Unfall verursachen oder Ihren Arbeitsplatz verlieren.

Schicksal ist in der Regel immer ein eindeutiger Sachverhalt. Ob es uns gefällt oder nicht, danach fragt leider niemand. Dennoch müssen wir uns mit den Gegebenheiten arrangieren. An anderer Stelle habe ich bereits gesagt, dass wir nur im Hier und Jetzt leben. Wir können keine Sekunde zurückholen.

Alles Jammern und Klagen hilft nicht, man muss sich dem Leben stellen. Das tun aber die wenigsten. Sie verharren lieber in der Opferrolle und geben lieber allen anderen die Schuld an ihrer misslichen Lage, als selbst die Verantwortung zu übernehmen. Dabei ist jedes Schicksal auch eine Chance. *Chance* kommt aus dem Englischen und bedeutet so etwas wie Möglichkeit, und im weitesten Sinne steht es auch für Glück. Die Chinesen benutzen sogar ein und dasselbe Schriftzeichen für Gefahr, Schicksal und Chance.

Ein Schicksal kann also auch ein Glücksfall sein. Wenn Sie Ihren Arbeitsplatz verlieren, dann ist das zunächst einmal alles andere als ein glücklicher Zustand. Doch oft brauchen wir Menschen von außen einen »Anstoß«, um uns zu verändern. Vielleicht waren Sie an Ihrem Arbeitsplatz alles andere als glücklich, hatten aber nie den Mut und die Kraft, sich zu verändern, aus Angst, sich schlechter zu stellen. Doch das Leben lässt sich nicht belügen. Wenn wir uns nicht freiwillig ändern wollen, dann hilft es oft ein wenig nach. In dem Augenblick, wo Sie arbeitslos sind, haben Sie nichts mehr zu verlieren. Sie sind, um es einmal ganz vorsichtig auszudrücken, ganz unten. Und wer ganz unten ist, kann nur noch nach oben kommen. Vorausgesetzt, er will es wirklich. Mit Blick auf Ihren Arbeitsplatz könnte das bedeuten, dass Sie ein Angebot erhalten, das Sie in Ihren kühnsten Träumen nicht erwartet haben. Es kann sogar sein, dass Sie, wie bereits über vier Millionen Deutsche auch, gar keine Arbeit mehr annehmen, sondern sich selbstständig machen und jetzt deutlich mehr Geld verdienen. Das alles war nur möglich, weil das Schicksal es so wollte und Sie Ihren Arbeitsplatz verloren haben.

PAULS MOTIVATIONSTIPP:

KRISEN SIND GUTE ZEITEN, DIE DENKANSTÖSSE ZU NEUEM ZU ERZWINGEN.

Winfried Bauer

Was auch passieren mag, bewahren Sie Ruhe und versuchen Sie, immer etwas Positives zu sehen. Das hat nichts mit »Ich rede mir die Welt schöner, als sie ist« zu tun. Ganz bestimmt nicht. Sie haben das Recht zu trauern, wenn es in dieser Situation nicht anders geht. Alles im Leben hat seine Zeit. Wichtig ist nur, dass Sie nach einer angemessenen Zeit des Trauerns zurückgehen ins Leben und die Lebensfreude zurückgewinnen.

Grundsätzlich bleibt festzuhalten, dass es im Leben immer nur zwei Möglichkeiten gibt:

1. Sie akzeptieren den Zustand und geben auf.
2. Sie akzeptieren den Zustand und handeln.

Den ersten Punkt verstehen viele falsch. Sie sagen zwar, dass sie einen Zustand akzeptieren, weil sie eh nichts ändern können (so ist ihr Glaube). Doch sie jammern den ganzen Tag, wie dreckig es ihnen dabei geht. Mit anderen Worten: Sie haben ihren Zustand nicht akzeptiert, ansonsten würden sie doch nicht jammern. Diese Menschen fühlen sich als Opfer und resignieren. Besser dran sind jene, die sich für den zweiten Punkt entschieden haben: Sie akzeptieren zunächst den Ist-Zustand, denn es ist, wie es ist! Punkt, Ende der Diskussion. Mit dieser gelassenen Einstellung kommen die Kräfte zurück, die Sie ins Handeln bringen werden, um den Zustand zu schaffen, den Sie wirklich wollen, wie schon der große irische Dichter George Bernard Shaw lehrte:

»Man gibt immer den Verhältnissen die Schuld für das, was man ist. Ich glaube nicht an die Verhältnisse. Diejenigen, die in der Welt vorankommen, gehen hin und suchen sich die Verhältnisse, die sie wollen, und wenn sie sie nicht finden können, schaffen sie sie selbst.«

Punktgenau

Akzeptiere ich mein Schicksal als Herausforderung und Denkanstoß oder füge ich mich ihm, um zu resignieren?

3.13 So gehe ich mit meinen Niederlagen um

Am Anfang eines jeden Problems steht das Wort »warum?«. Bevor Sie wie das Männchen aus der längst vergessenen HB-Zigarettenwerbung in die Luft gehen, schalten Sie einen Gang zurück und fragen sich als Erstes, warum Ihnen das passieren konnte. ***Was ist die Ursache? Welche Lösung gibt es? Was kann ich aus dieser Situation lernen?*** »Gefahr erkannt, Gefahr gebannt«, lehrt eine Redensart. Nur wenn Sie das Problem als solches erkennen und sich damit konstruktiv auseinandersetzen, sind Sie in der Lage, eine Lösung zu finden. Nach unserem allgemeinen Sprachverständnis ist ein Problem immer gegen uns gerichtet. Das ist aus meiner Sicht völlig falsch. In dem Begriff Problem kommt die Silbe Pro vor. Pro ist ein Synonym, das für etwas Positives steht. Der Gegenspieler ist contra, also dagegen. Ein Pro-blem ist also etwas, was mir helfen will. In der Tat zeigt uns ein Problem, dass wir etwas falsch gemacht haben, es also so nicht weitergehen kann. Zahnschmerzen sind schrecklich, das weiß jeder, der schon einmal damit zu tun hatte. Zahnschmerzen sind ein echtes Problem, doch mit diesen Schmerzen meldet der Körper, dass mit unseren Zähnen etwas nicht in Ordnung ist. Gäbe es diese Problemmeldung nicht, würden wir eines Tages nur an den abgestorbenen und ausgefallenen Zähnen erkennen, dass wir uns falsch verhalten haben. Probleme sind also keine Störfelder, die uns schaden, sondern hilfreiche Hände, die uns schützen wollen. Sobald ein Problem auftaucht, haben Sie verschiedene Möglichkeiten, damit umzugehen. Eine davon ist meine ***»Sechs-Schritte-Methode«*** (siehe Seite 81 und 82.)

Wie gesagt, es gibt immer mehrere Möglichkeiten, Probleme zu lösen. Der obige Ansatz ist eine von ihnen. Ich habe so meine Probleme am besten gelöst. Wer es dagegen leichter angehen und seine Probleme buchstäblich im Schlaf lösen möchte, ist ebenfalls auf dem richtigen Weg. Zu dieser Feststellung gelangten Lübecker und Kölner Forscher in einem interessanten Experiment.[16] Sie hatten Testpersonen Zahlenreihen vorgelegt, in denen eine verborgene Struktur entdeckt werden musste. Von den Teilnehmern, die das Problem eine Nacht überschlafen hatten, fanden doppelt so viele die Lösung wie jene, die ohne Schlaf am Morgen ein zweites Mal an der Aufgabe getüftelt hatten. Eine dritte Testgruppe hatte ebenfalls am Morgen über den Zahlenreihen gebrütet und sich dann nach einer Pause von acht Stunden noch einmal an die

Arbeit gemacht. Dazu der Versuchsleiter Jan Born vom Institut für Neuroendokrinologie der Universität Lübeck: »Auch diese Probanden konnten die Aufgabe nicht besser lösen als die Nachtarbeiter, obwohl sie nicht übermüdet waren.« Grund ist die Struktur des menschlichen Gedächtnisses. Während des Schlafens werden Informationen von einem zum anderen Gehirnteil geleitet. Neu Erlerntes wird zunächst zwischengespeichert. Im Schlaf werden diese Informationen reaktiviert und als neuronales Impulsmuster weitergeleitet. Die mit dieser Übertragung verbundene Neuorganisation der frischen Gedächtnisinhalte kann laut den Forschern dazu führen, dass sich für die Probleme des Vortags nach dem Aufwachen ein besserer Durchblick ergibt.

Sechs Schritte zur Problemlösung

1. Annehmen

Lamentieren Sie nicht, warum das Schicksal mal wieder so erbarmungslos zugeschlagen hat. Akzeptieren Sie zunächst die Situation und wenden sich dann dem zweiten Schritt zu.

2. Ist-Zustand

Fragen Sie sich, was genau passiert ist. Beschreiben Sie die Situation klar und deutlich. Wenn Sie Ihre Gedanken zu Papier bringen, beteiligen Sie auch Ihr Unterbewusstsein an der Lösungsfindung.

3. Zieldefinition

Wenn Sie das Problem eingekreist haben, also die Kernbotschaft aus dem Problem verstanden haben, definieren Sie die Lösung und fragen sich, welches Ziel erreicht werden soll.

4. Gedankenpower

Für jedes einzelne Problem gibt es mehrere Lösungswege. Sobald Sie Ihr Problem definiert haben, arbeitet Ihr Gehirn wie ein Workaholic an der Lösung und Ihnen fallen mehrere Lösungen zu, die Sie zunächst einmal alle notieren und noch nicht analysieren sollten. Schreiben Sie alles auf, was Ihnen in den Sinn kommt.

5. Lösungsweg

Wenn Sie mehrere Lösungen notiert haben, fangen Sie an, diese auf Kosten, Zeit, Risiko, Schwierigkeitsgrad, Machbarkeit und Wirksamkeit hin zu überprüfen. Am besten in einer Tabelle. Jeder dieser Begriffe bildet dabei eine Spalte. Je mehr positive Antworten Sie in jeder Spalte notieren, desto klarer wird für Sie die richtige Lösung.

6. Handeln

Grau ist alle Theorie, sagt der Volksmund. Verzetteln Sie sich daher nicht bei der Analyse. Kommen Sie schnell zu einer Entscheidung und setzen Sie dann alles daran, diese Lösung mit Leben zu füllen. Wenn zur Lösung des Problems mehrere Personen eingebunden werden müssen, dann ist auch hier eine klare Gliederung erforderlich, z. B.: Wer, was, wann, wie lange, wo etc.

Punktgenau

Wie werde ich zukünftig meine Niederlagen in Erfolge verwandeln?

PAULS MOTIVATIONSTIPP:

DEIN SELBSTVERTRAUEN WÄCHST MIT DEN PROBLEMEN, DIE DU MEISTERST.

3.14 Probleme sind Herausforderungen

Nehmen wir an, Sie könnten für einen Tag Gott spielen. Was würden Sie alles anders machen? Ohne Ihre Antwort abzuwarten, bin ich fest davon überzeugt, dass Sie erst einmal alles Leid aus der Welt schaffen würden. Sie würden auch alle Krankheiten verbieten. Dann würden Sie dafür sorgen, dass niemand mehr hungern muss. Sie würden das Klima verändern, sodass alles wieder ins Gleichgewicht kommt. Natürlich würden Sie dafür sorgen, dass die Zahl der Erfinder, die umweltschonende Produkte entwickeln, stark zunimmt. Die Schule würden Sie natürlich auch abschaffen, weil Sie dafür sorgen würden, dass alle Kinder schlau zur Welt kommen. Dann würden Sie die Arbeit abschaffen und dafür sorgen, dass jedermann genügend Geld in der Tasche hat, um ein Leben wie im Schlaraffenland zu führen. Selbstverständlich würden Sie auch dafür sorgen, dass das Böse aus der Welt geschafft wird. Es soll keinen Hass und keinen Streit mehr unter den Menschen geben. Natürlich würden Sie auch eine Supermacht wie die USA abschaffen und dafür Sorge tragen, dass es keinen zweiten Präsidenten George W. Bush gibt. Ach ja, den Tod würden Sie auch verbannen, schließlich soll jeder ewig leben. Staaten brauchen Sie natürlich auch nicht mehr, denn wir sind ja jetzt alle gleich, und da kann es keinen mehr geben, der gleicher ist, weil er z. B. Papst oder Kanzler ist. Schöne heile Welt. Man fragt sich doch, warum der allmächtige Gott das nicht schon längst erledigt hat. Wenn nicht er, wer dann? Aber glauben Sie wirklich, dass die Welt so funktionieren könnte? Was glauben Sie, wie lange würden die Menschen wirklich friedlich zusammenleben, ohne Mord und Totschlag? Ich kann Ihre Gedanken lesen. Sie sehen es genau so wie ich. Auch wenn jeder Mensch gleich ist und alle gleich viel haben, hätten wir binnen Tagen ein Hauen und Stechen auf diesem Planeten, dass uns allen schlecht werden würde. Darüber hinaus würde alles sprichwörtlich den Bach hinuntergehen, weil sich niemand mehr anstrengen müsste. Es würde auch keinen Fortschritt mehr geben, wozu auch, es wäre doch alles vorhanden. Ihr Versuch, es allen recht zu machen, würde am Ende ins Chaos führen.

Es ist eine traurige Erkenntnis, dass in diesem Leben nur eines gilt: Veränderung. Nur die Veränderung ist es, die unser Leben ausmacht. Wenn alles gleich ist und niemand mehr den Hauch einer Veränderung erfährt, stirbt ein System. Der Versuch, die freien Gedanken der Menschen zu synchronisieren und sie zu »vernünftigen, rational handelnden« Wesen zu erziehen, muss zwangsläufig scheitern. Es wird nicht funktionieren. Ob uns das gefällt oder nicht. Tatsache ist, dass es in diesem System auf jeden Einzelnen ankommt. Wir haben vom Allmächtigen das tolle Geschenk der freien Gedanken bekommen. Das heißt, wir können – natürlich nur im Rahmen der Gesetze – tun und lassen, was wir wollen. Solange wir bereit sind, dafür auch die Verantwortung zu übernehmen, ist allen geholfen. Und genau hier liegt die Herausforderung. Probleme entstehen, indem wir etwas getan haben und die Ergebnisse nicht mit unseren Erwartungen einhergehen. Probleme signalisieren uns also, dass unsere Rechnung so nicht aufgeht. Das ist natürlich bitter. Wer wünschte sich nicht einen Weg ohne Widerstände. Doch den gibt es nicht. Widerstände machen uns stark und erfahren genug, zukünftig anders zu agieren. Was glauben Sie, welcher Arm wird mehr Muskeln entwickeln? Der linke, den Sie immer auf und ab schwenken, oder der rechte, der die gleiche Bewegung vollzieht, nur mit einer Hantel in der Hand? Die Antwort liegt buchstäblich auf der Hand. Der rechte Arm wird mehr Muskeln entwickeln, weil die Widerstände größer sind. Er wächst mit den Widerständen. So ist es auch bei all Ihren Projekten. Je größer die Widerstände, desto stärker werden Sie aus dieser Situation hervorgehen. Mit der Welt verhält es sich genauso. Je mehr Widerstände, desto mehr Menschen wird geholfen. Manchmal ist es schwer, so etwas zu verstehen, aber nur weil wir es nicht verstehen, heißt es nicht, dass es nicht doch so ist. So sehe ich an schlechten Regentagen die Sonne nicht, und doch weiß ich, dass sie vorhanden ist. Es wird der Tag kommen, an dem ich sie wieder sehen kann.

Punktgenau

An welchen Widerständen bin ich bisher gescheitert?
Was werde ich ab jetzt anders machen?

PAULS MOTIVATIONSTIPP:

PROBLEME GEBEN UNS DIE MÖGLICHKEIT, BEKANNTSCHAFT MIT UNSEREN RESSOURCEN ZU MACHEN.

3.15 Ich genieße meine Erfolge

Ich unterstelle, dass Sie einer geregelten Arbeit nachgehen, entweder als Angestellter oder als Selbstständiger. Damit verdienen Sie Ihr Gehalt bzw. Ihr Geld. Wie gehen Sie mit diesem Geld um? Ist es so, dass Sie am Monatsersten, wenn es auf Ihrem Konto eingeht, zunächst einmal alle offenen Rechnungen bezahlen, die Miete bzw. die Kreditrate fürs Haus genauso wie die Leasingrate fürs Auto? Dann kommen Kleider, Schuhe und Lebensmittel. Mitte des Monats wird das Geld schon knapper und am Monatsletzten ist meist nichts mehr vorhanden. Die meisten arbeiten rund 180 Stunden im Monat. Von diesem Geld, das sie mit ihrer Tätigkeit verdienen, fließt rund ein Drittel an Abgaben und Steuern an den Staat, »um andere zu bezahlen«. Ein kleiner Teil dieses Geldes fließt in die Sozialkassen, von denen Sie heute nicht wissen, ob zu Beginn Ihres Rentenalters überhaupt noch etwas vorhanden sein wird. Rund zwei Drittel Ihres Verdienstes bleiben bei Ihnen. Wenn Sie so lange arbeiten, ist es denn nicht Ihr gutes Recht, sich dafür zu belohnen? Stattdessen aber werden erst einmal alle anderen Leute bezahlt. Bleibt dann noch etwas übrig, dann gehört es Ihnen ganz allein. Wie gesagt, im Normalfall reden wir hier nur von ein paar Euro, die am Monatsende übrig bleiben. Bitte denken Sie einmal darüber nach, ob Sie nach 180 Arbeitsstunden nicht das Recht haben, ein bisschen mehr zu bekommen als ein paar mickrige Euro. Ist es nicht Ihr gutes Recht, dass Sie von diesem Geld zunächst einmal etwas für sich (und natürlich für Ihre Familie) abzweigen, und zwar nicht, um damit erforderliche Ausgaben zu tätigen, sondern um sich zu belohnen? Ich finde, Sie sollten sich ab sofort selbst belohnen. Sobald Geld kommt, egal aus welchen Kanälen, sollten Sie als Erstes sich bezahlen. Das ist einfacher, als Sie glauben. Nehmen Sie immer einen festen prozentualen Satz, wie z. B. 5 Prozent, von diesen Einkünften und überweisen Sie dieses Geld auf ein Konto, das Sie nur für sich bzw. Ihre Lieben verwenden. Wichtig ist, dass Sie diesen Sparanteil sofort abzweigen, also am Monatsersten und nicht am Monatsletzten. Ich weiß, das kostet Überwindung, weil Ihr Verstand Ihnen signalisiert, dass ja erst einmal die anderen bezahlt werden müssen. Ich werde das jetzt nicht näher kommentieren, sondern Sie an das Armbanduhr-Experiment erinnern (Kapitel 3.06 Wir können nur ernten, was wir säen). Probieren Sie es einfach aus und Sie werden sehen, dass es funktioniert.

Punktgenau

Wie werde ich mich belohnen, wenn ich ein Projekt erfolgreich abgewickelt habe?

PAULS MOTIVATIONSTIPP:

GLÜCK IST DAS EINZIGE, DAS SICH VERDOPPELT, WENN MAN ES TEILT.

Albert Schweitzer

KAPITEL 4

DAS GESETZ DER DANKBARKEIT

Es gibt auf der Welt kaum ein schöneres Übermaß als das der Dankbarkeit.

Jean de La Bruyère

4.01 Die Macht der Dankbarkeit

»Der Mensch lebt nicht von Brot allein«, belehrt uns die Bibel. Ernährungswissenschaftlich würde man sagen, dass Brot eh ungesund ist. Dann doch lieber Reis, so viel und so oft wie möglich. So wie es die Japaner machen, die eine völlig andere Esskultur haben als Europäer oder Amerikaner. Sie können in Tokio keine 20 Meter gehen, ohne auf ein Restaurant zu treffen. Trotz dieser Fülle kann sich kein Restaurantbesitzer über mangelnde Kundschaft beklagen. Japaner geben rund ein Drittel ihres Geldes nur für Essen aus. Dennoch haben die Japaner die höchste Lebenserwartung – weltweit! Wie kann es angehen, dass ein Volk, das – mit Verlaub – so »verfressen« ist, so alt wird? Nun, das liegt zum einen am Essen selbst und zum anderen an der Lebenseinstellung dieses Volkes. Die japanische Nahrungskette besteht aus Reis, Fisch und frischem Gemüse. Also alles gesunde Lebensmittel. Sie werden in keinem japanischen Supermarkt eine Tiefkühltruhe finden. Die Japaner essen keine Fertiggerichte wie tiefgefrorene Pizza oder Buttergemüse. Sie essen eben alles frisch, und dafür sind sie bereit, mehr zu bezahlen.

Zum anderen trägt die japanische Lebenseinstellung zur hohen Lebenserwartung bei. Wir alle brauchen Lob und Anerkennung, doch im Verteilen halten wir uns vornehm zurück. Nicht so in Japan. Oberstes Gebot ist Freundlichkeit und Dankbarkeit. Selbst Polizisten, die den Verkehr regeln, verbeugen sich vor Verkehrsteilnehmern, wenn sie der Gegenseite freie Fahrt einräumen. In Deutschland wäre das undenkbar. Hier leben die meisten nach dem einfachsten Prinzip: andere zu kritisieren! Sie brauchen sich nur eine der vielen Talkshows anzuschauen und werden erkennen, wie es um unser Land bestellt ist. Sie werden kaum einen Hartz-IV-Empfänger finden, der sich für die Sozialleistungen, die letztlich durch Dritte erwirtschaftet werden, bedankt. Die deutschen Gerichte haben noch nie so viel zu tun gehabt wie seit der Einführung der sogenannten Hartz-IV-Gesetze. Es hat eine wahre Klageflut eingesetzt von Hartz-IV-Empfängern, die sich benachteiligt fühlen. Da wird um die Kostenübernahme einer Waschmaschinenreparatur genauso geklagt wie um die Frage, ob das Kind einer Hartz-IV-Familie aus pädagogischen Gründen einen Markenrucksack tragen sollte oder doch eher einen günstigeren. Damit wir uns richtig verstehen: Jeder Mensch kann in eine finanzielle Notlage rutschen und dann ist es gut, dass die Solidargemeinschaft hilft. Diese Gemeinschaft ist aber keine Sparkasse, die in schöner Regelmäßigkeit die

Menschen vom Arbeiten abhält und ihnen nur noch das Geld überweist. Hier gilt das bereits Gesagte: Wenn jeder vor seiner Tür kehren würde, wäre die Welt sauber. Anders ausgedrückt: Weniger Staat, mehr Eigeninitiative, und es würde vielfach gerechter zugehen.

Dankbarkeit und Glücklichsein gehören eng zusammen. Wir versuchen immer, das Pferd von hinten aufzuzäumen, nach dem Motto: »Erst wenn ich glücklich bin, kann ich dankbar sein.« Das funktioniert im wirklichen Leben nicht. Der Versuch, das Feld in dieser Richtung zu beschreiten, muss scheitern. Es würde ja auch niemand auf die Idee kommen, vor dem Kamin zu stehen und diesen anzuflehen: Gib du mir Wärme, dann gebe ich dir Holz. Umgekehrt funktioniert es. Erst das Holz, dann folgt die Wärme. Bezogen auf unsere Dankbarkeit ist es nicht anders: Sein Leben annehmen, dankbar sein für die schönen Augenblicke, daraus ist das Leben gemacht. Wer jeden Tag dankbar ist, wird immer mehr Glück ernten. Denken Sie daran: Wie die Saat, so die Ernte. Wer Disteln sät, wird keine Tomaten ernten. So einfach und doch so schwer. Zumindest für viele. Ich möchte noch einmal auf Mihaly Czikszentmihalyi zurückkommen, den Glücksforscher aus Amerika (siehe dazu auch meine Ausführungen in Kapitel 3.08 Erfolge folgen). In einer anderen Studie kam er zu dem Ergebnis, dass Menschen, die mit ihrem Schicksal hadern, ihre Aufmerksamkeit auf das richten, was sie unzufrieden macht. Die Glücklichen hingegen haben ihren Blick für die erfreulichen Dinge im Leben geschärft. Insofern sind die untersuchten Personen nicht deshalb dankbar, weil sie grundsätzlich glückliche Menschen sind, sie sind vielmehr glücklich, weil sie dankbar sind. Erkennen Sie den Unterschied?

Für unser Wohlbefinden ist die Fähigkeit zur Dankbarkeit unabdingbar. Es gilt, diese Fähigkeit jeden Tag zu trainieren. Sie ist wie ein Muskel, der nur dann seine volle Leistung bringt, wenn er jeden Tag trainiert wird. Ein untrainierter Muskel erschlafft. Wenn Sie sich immer wieder Gedanken darüber machen, wofür Sie im Leben dankbar sein können, verschärfen Sie Ihre Wahrnehmung für die schönen, positiven Dinge im Leben. Sie fühlen sich freier, glücklicher und vor allen Dingen fröhlicher. Wenn Sie dieses wunderbare Gefühl noch mit anderen Menschen teilen, indem Sie ihnen beispielsweise Hilfe und Unterstützung anbieten, ohne dafür eine Gegenleistung zu verlangen, werden Sie schon bald zu den glücklichsten Menschen dieser Welt gehören.

Fangen Sie, wie immer, sofort an. Schon der römische Staatsmann Marcus Tullius Cicero mahnte: ***»Keine Schuld ist dringender als die, Dank zu sagen.«*** Ich weiß, das ist oft sehr schwer. Wie gesagt, es fällt uns immer leichter, andere zu kritisieren oder stundenlang über Dinge zu reden, die nicht funktionieren, die uns belasten, als nur einmal das Wort ***danke*** über die Lippen zu bringen. Es hilft alles nichts. Sie müssen es trainieren. Fangen Sie gleich an: danke, danke, danke, danke, danke, danke, danke, danke, danke, danke, danke …

Punktgenau

Wofür bin ich heute dankbar?

PAULS MOTIVATIONSTIPP:

INNERES GLÜCK IST NICHT VON MATERIELLEN UMSTÄNDEN ABHÄNGIG. ES WURZELT IN UNSEREM GEIST.

Dalai Lama

4.02 Dafür bin ich heute dankbar

Optimisten denken in Lösungen, Pessimisten in Problemen. Je mehr der Blick auf Chancen und Möglichkeiten gerichtet wird, desto einfacher werden sich die Schwierigkeiten auflösen. Deshalb ist es so wichtig, seinen Blick immer auf die Dinge im Hier und Jetzt zu richten. Der »Glücksexperte« Prof. James Ogilvy fand heraus, dass wir dazu neigen, Glück an Bedingungen zu knüpfen. »Wenn ich einen Job habe, dann bin ich glücklich.« – »Wenn ich meine Schulden getilgt habe, dann bin ich glücklich.« »Wenn mich der Partner meines Herzens liebt, dann bin ich glücklich.« Diese Gedanken sind mit Vorsicht zu genießen. Natürlich ist es schön, wenn sich Ihre Wünsche erfüllen. Doch je mehr Sie sich etwas wünschen, desto mehr entfernen Sie sich von der Wirklichkeit. Wünschen Sie sich etwas, was Sie noch nicht haben, zeugt dieses Verhalten von Mangelbewusstsein. ***»Wie innen, so außen«,*** lautet eines der vielen kosmischen Gesetze. Wenn Sie sich unglücklich fühlen, weil Sie auf die Erfüllung Ihrer Träume warten, werden Sie genau das Gegenteil davon erreichen. Ihr Unterbewusstsein kann nicht zwischen Realität und Traum unterscheiden. Deshalb ruft jeder Mangel nur eine Verstärkung der Mangelsituation hervor. Ihr Traum ist immer nur ein Ziel. Erreichen werden Sie es, wenn Sie ganz bewusst im Hier und Jetzt leben. Niemals hadern, sondern immer die Herausforderungen bewältigen, das ist der Stoff, aus dem das Leben gemacht ist. Nur ein Leben mit Leidenschaft macht glücklich und das Leben jeden Tag lebenswert, ergab eine Langzeitstudie des US-Psychologen David G. Myers. In einem Interview sagte er: ***»Das Geheimnis eines guten Lebens ist, seinen täglichen Pflichten mit Spaß und Engagement nachzugehen.«*** Statt sich also über eine unsägliche Situation permanent zu beschweren, ist es um ein Vielfaches effektiver, selbst aktiv zu werden. Jedes Problem ist lösbar, vorausgesetzt man handelt. Gehen Sie ruhig kleinere Risiken ein, um am Ende den ganz großen Gewinn einzufahren. Der Psychologe Robert Frank von der Cornell-Universität hat etwas sehr Interessantes herausgefunden: »Wer häufig etwas riskiert und Grenzerfahrungen macht, steigert seine Glücksfähigkeit um bis zu 60 Prozent. Jedes überstandene Wagnis belohnt das Gehirn mit Gefühlen größter Befriedigung.«

Ich möchte keinesfalls zynisch sein, doch auch wenn Sie Probleme und Sorgen haben, sollten Sie dafür dankbar sein. Suchen Sie dafür nicht einen Schuldigen, Sie sind für alles verantwortlich. Wer einen Schuldigen sucht, gibt seine

Macht an ihn ab. Macht abgeben schwächt die eigene Position und der Betroffene wird zum Spielball der Umstände. Übernehmen Sie deshalb für sich die Verantwortung. Dann bleiben Sie »mächtig«, da Sie die Umstände jederzeit beeinflussen können. Ist das nicht großartig, dass Sie für alles verantwortlich sind? Seien Sie dafür dankbar. Es geht nicht darum, negative Gefühle zu unterdrücken oder Probleme zu ignorieren, es geht einzig darum, keine negativen Botschaften zuzulassen. Machen Sie sich immer wieder klar, dass Sie in einer lebenswerten Welt leben. Dankbarkeit ist der Schlüssel zu dieser Einstellung.

Wer dankbar ist, richtet seine Einstellung automatisch auf die positiven Seiten des Lebens:

- ✓ Wenn Sie heute Morgen gesund und nicht krank aufgewacht sind, sind Sie glücklicher als eine Million Menschen, die die nächste Woche nicht erleben werden. ***Sind Sie dafür dankbar?***

- ✓ Falls Sie nie einen Krieg erlebt haben, nie die Einsamkeit des Gefangenen, nie die Agonie des Gequälten oder Hunger gespürt haben, dann sind Sie glücklicher als 500 Millionen Menschen auf der Welt. ***Sind Sie dafür dankbar?***

- ✓ Falls Sie in die Kirche gehen können ohne die Angst, dass Ihnen gedroht wird, dass man Sie verhaftet oder Sie umbringt, sind Sie glücklicher als drei Milliarden Menschen auf der Welt. ***Sind Sie dafür dankbar?***

- ✓ Falls sich in Ihrem Kühlschrank Essen befindet, Sie angezogen sind, ein Dach über dem Kopf haben und ein Bett zum Hinlegen, sind Sie reicher als 75 Prozent der Bewohner dieser Welt. ***Sind Sie dafür dankbar?***

- ✓ Falls Sie ein Konto bei einer Bank haben, etwas Geld im Portemonnaie oder etwas Kleingeld in einer kleinen Schachtel, gehören Sie zu den 8 Prozent der wohlhabenden Menschen auf dieser Welt. ***Sind Sie dafür dankbar?***

- ✓ Falls Sie diese Fakten gelesen haben, gehören Sie nicht zu den zwei Milliarden Menschen, die nicht lesen können. ***Sind Sie dafür dankbar?***

Sie sehen, es ist gar nicht so schwer, das Gute, das Positive im Leben zu sehen. Man muss es nur wollen. Wer sich auf die guten, positiven Dinge konzentriert und von Herzen dankt für das, was er schon hat, schafft das Gefühl innerer Zufriedenheit. Ihr Unterbewusstsein nimmt das zur Kenntnis. Da es nicht zwischen ***schon haben*** und ***haben wollen*** unterscheiden kann, wird es alles in Ihr Leben ziehen, wofür Sie dankbar sind. Also nochmals: Wenn Sie einen Wunsch haben, stellen Sie sich immer wieder das Gewünschte vor und danken Sie dafür, dass Sie es bereits erhalten haben. Dann lassen Sie los. Und Ihr Wunsch wird bald Wirklichkeit.

Punktgenau

Werde ich zukünftig meinen täglichen Aufgaben mit Spaß und Engagement nachkommen?

PAULS MOTIVATIONSTIPP:

VIELE SUCHEN IHR GLÜCK WIE EINEN HUT, DEN SIE AUF DEM KOPF TRAGEN.

Nikolaus Lenau

4.03 Lassen Sie los

Haben Sie schon einmal mit Pfeil und Bogen geschossen? Vielleicht in jungen Jahren, als Sie mit anderen Kindern Cowboy und Indianer spielten. Wann trafen Sie mit dem Pfeil ins Schwarze? Achtung, ich frage nicht danach, wie oft Sie trafen, sondern wann. Sie trafen doch nur ins Schwarze, wenn Sie den Pfeil auch abgeschossen hatten, oder? Sie mussten ihn loslassen, damit er sein

Ziel erreichte. »Na, das ist doch logisch«, werden Sie jetzt vielleicht sagen. Klar ist das logisch. Das wissen wir alle. Schade nur, dass dieses Naturgesetz schnell vergessen wird, wenn es um andere Dinge im Leben geht, wie z. B. um Geld. Geld wurde erfunden, um den Tausch zu vereinfachen. Sie müssen also Geld loslassen, wenn Sie dafür im Gegenzug Ware kaufen möchten. Auf diesem Prinzip beruht die Wirtschaft. Geld ist für den Organismus der Wirtschaft wie Blut für den menschlichen Körper. Es zirkuliert, belebt und erhält damit das System. Ein gesunder Fluss regt die Wirtschaft zu Wachstum, Wohlstand und Fülle an. In dem Moment, in dem dieser Fluss stockt, schrumpft die Wirtschaft und ein Heer von Arbeitslosen ist die Folge. Wenn Geld krampfhaft festgehalten wird, kann daraus niemals Wachstum folgen. Nur die offene Hand gibt gerne, oder haben Sie schon einmal eine Faust erlebt, die etwas gegeben hat? Deshalb ist es an der Zeit, das Denken im Umgang mit Geld zu verändern. Ich spreche hier nicht von Verschwendung, sondern von sinnvollen Investitionen. Alles andere ist dumm und töricht, weil es in die Verschuldung führt und damit Abhängigkeiten schafft, die alles andere als förderlich sind. Den Geldfluss erweitern Sie, wenn Sie von dem ehrlichen Wunsch erfüllt sind, mit einem Teil Ihres Geldes andere Menschen zu unterstützen. Ich weiß, was ich Ihnen mit dieser Aussage zumute. Wenn Geldmangel u. U. Ihr Problem ist, fällt es schwer zu glauben, dass nur das freudige Geben eben diesen Geldmangel beseitigt. In heutiger Zeit sind es besonders die Unternehmer, die mit gutem Beispiel vorangehen. Nach einer Forsa-Umfrage spendeten über zwei Drittel aller Unternehmer Geld an verschiedene Einrichtungen. Jeder zweite Inhaber eines Unternehmens zahlte sogar aus seiner privaten Kasse. Rund 1,6 Milliarden Euro wurden so im Jahr 2005 an bedürftige Menschen gespendet. Darüber hinaus unterstützen viele Unternehmer die zahlreichen »Tafeln« mit Sach- und Lebensmittelspenden. Ein Beispiel, das Schule machen sollte.

Das Gesetz der Fülle beschenkt uns immer und alltäglich, wenn wir nur ausreichend Danke sagen können. Ein ganz normaler Vorgang. Je öfter wir uns beim Leben bedanken, desto mehr schüttet es sein Füllhorn über uns aus. Oder würden Sie einem lieben Menschen weiterhin nette Geschenke mitbringen, wenn dieser nie oder nur sehr selten Danke sagt? Ich beschenke dankbare Menschen gerne. Doch Vorsicht! Wenn wir Dankbarkeit zur Manipulation einsetzen, erreichen wir vielleicht das, was wir wollen, aber auf Kosten des herzlichen Gefühls der Dankbarkeit. Dieser Preis ist sehr hoch. Andere Menschen wiederum glauben, dass sie haufenweise Dankbarkeit ernten müssten, wenn sie etwas Gutes tun. Wie bei allen Erwartungen ist auch das keine gute Idee.

Punktgenau

Von welchem Ballast – auch seelischem – werde ich mich trennen?

PAULS MOTIVATIONSTIPP:

DER EIGENTLICHE SINNE DES REICHTUMS IST, FREIGIEBIG DAVON ZU SPENDEN.

Blaise Pascal

4.04 Loslassen heißt auch annehmen können

»Danke, das wäre doch nicht nötig gewesen.« Kennen Sie diesen Satz? Menschen, die nicht loslassen können, können auch nicht annehmen. Statt sich über ein Geschenk zu freuen, beschämen sie den Schenker durch eine Ablehnung.

Natürlich sind Geschenke nie nötig. Es ist kein Geschäft auf Gegenseitigkeit, sondern eine gut gemeinte Geste. Es geht dem Schenker darum, dem anderen eine Freude zu machen. Deshalb nimmt er einige Mühe auf sich, um ein passendes Geschenk zu finden. Wie groß ist die Enttäuschung, wenn der so Beschenkte die Geste mit einem »Das wäre doch nicht nötig«-Kommentar herabsetzt. Dennoch, nicht jeder, der so abwertend reagiert, handelt in böser

Absicht. Die ablehnende Haltung rührt aus einem tief im Unterbewussten verankerten Programm. Wenn der Beschenkte ein Geschenk annimmt, läuft in der Regel folgendes Programm ab: »Wenn der mich heute beschenkt, dann muss ich das nächste Mal auch ein Geschenk mitbringen. Was das wieder kostet.« Diese Haltung verdeutlicht, worum es geht. Der Beschenkte kann nicht loslassen, in diesem Fall sein Geld. Sein »Programm« verbietet ihm jede Freude über das Geschenk. Es suggeriert ihm, dass diese nett gemeinte Geste am Ende einen Griff in seine Geldbörse bedeutet. Spätestens beim nächsten Besuch wird er in die Pflicht genommen. Er muss ebenfalls ein Geschenk kaufen. Das darf natürlich dem jetzigen Geschenk in nichts nachstehen. Schlimmer noch: Es muss sogar ein klein bisschen besser und teurer sein. Wer möchte sich schon nachsagen lassen, bei einem Geschenk geknausert zu haben? Und genau vor diesen Kosten graut es ihm in dem Moment, wo er das besagte Geschenk in Empfang nimmt.

Menschen, die loslassen können, nehmen gerne Geschenke in Empfang. Das ist Teil ihrer Lebenseinstellung. Sie wissen, je mehr sie geben, desto mehr erhalten sie zurück. Dieses Urprinzip funktioniert immer und überall, sodass sie sich immer gern beschenken lassen.

Punktgenau

Ich öffne mein Herz und empfange die Geschenke des Lebens vorbehaltlos.

PAULS MOTIVATIONSTIPP:

DER DARF VOM FREUNDE ANNEHMEN, DEM DAS EMPFANGEN DIE GLEICHE FREUDE BEREITET WIE DEM FREUNDE DAS SCHENKEN.

Jean de La Bruyère

KAPITEL 5

DIE MACHT DER ENTSCHEIDUNG

Sie werden das, was Sie die meiste Zeit denken.

Earl Nightingale

5.01 Es liegt allein in meiner Hand

Eine EntSCHEIDUNG zu treffen, bringt immer zwei Ergebnisse mit sich. Wir nehmen das eine an und lehnen das andere ab. Das, was wir mit unserer Entscheidung ablehnen, kommt einer SCHEIDUNG gleich. Wir trennen uns davon, um das andere anzunehmen. Ob wir damit richtig liegen, wissen wir in diesen Momenten nicht immer.

Ein junger Mann kam eines Tages zu Sokrates und fragte ihn, ob er denn nun heiraten sollte oder nicht. Daraufhin meinte der griechische Philosoph: »Gleichgültig, wie du dich entscheiden wirst, du wirst es immer bereuen.« Ein anderer weiser Mann kannte ebenfalls auf alles und jedes eine Antwort. Jeder, der mit einem Problem zu ihm kam, konnte sich nach dem Gespräch mit ihm darauf verlassen, die richtige Antwort zu erhalten. Eigentlich waren alle zufrieden, doch der Erfolg hat bekanntlich viele Neider, und so gab es einige Menschen in dem Dorf, die diesem weisen Mann seine Weisheit neideten. Deshalb dachten sie sich etwas Böses aus. Sie wollten den alten Mann vor der gesamten Dorfgemeinschaft bloßstellen. Schnell war ein Termin gefunden und alles traf sich an diesem Tag auf dem Dorfplatz. Der Herausforderer hielt eine weiße Taube, die von seinen Händen so umschlossen war, dass niemand sie sehen konnte. Er ging auf den Mann zu und sagte zu ihm: »Weiser Mann, du bist dafür bekannt, dass du auf alles und jedes eine Antwort hast. Ich halte hier in meiner Hand eine Taube. Sag mir, ob diese Taube lebt oder tot ist.« Der weise Mann war sich bewusst, dass dies eine Falle war. Würde er sagen, dass die Taube tot sei, würde der Mann seine Hände öffnen und die Taube davonfliegen. Würde er dagegen sagen, die Taube lebe, könnte der Mann der Taube den Hals umdrehen und sie wäre tot. In beiden Fällen hätte der weise Mann eine falsche Antwort gegeben und sich damit vielleicht zum Gespött der Leute gemacht. Aber er war schlau genug und sagte der verblüfften Menge: ***»Das Schicksal liegt in deinen Händen.«*** Ich will damit sagen, dass, egal was auch passieren wird, wir allein entscheiden, ob das Schicksal gegen uns oder für uns ist. So wie jemand über das Leben einer Taube entscheiden kann, so können auch Sie sich dafür entscheiden, Ihr Leben weiterzuführen wie bisher oder aber es grundlegend zu verändern. Sie müssen sich entscheiden. Dass das immer einfach ist, hat nie jemand behauptet. Schon Hippokrates musste feststellen: »Das Leben ist so kurz, die Kunst so umfangreich, schnell der günstige Augenblick vorbei, der Versuch ist trügerisch, die Entscheidung schwierig.«

Punktgenau

Es liegt alles in meiner Hand.
Bin ich mir dieser großen Verantwortung bewusst?

PAULS MOTIVATIONSTIPP:

WENN DU IN EINEM LOCH SITZT, MUSST DU ZUERST MIT DEM GRABEN AUFHÖREN.

Aus Tibet

5.02 Ich stehe zu meinen Entscheidungen

Handeln oder nicht handeln, das ist hier die Frage, die sich Shakespeare so wohl nie gestellt haben wird. Denn das Genie war ein echter Tausendsassa: Schauspieler, Theaterleiter und Schriftsteller und außerordentlich fleißig. Niemand erwartet von Ihnen, dass Sie ebenfalls über geniale Kräfte verfügen, um Entscheidungen zu treffen. Ein klares Ja reicht völlig aus.
Ich finde Menschen, die sich nicht entscheiden können, nervig. Sie stehlen einem die Zeit und jammern wegen ihrer verpassten Chancen. Dabei hat jeder Mensch allein zu entscheiden, ob er die sich bietenden Chancen nutzt oder verstreichen lässt. Ich mag Menschen, die klare Entscheidungen treffen. Ein klares Nein ist mir lieber als ein Jein. Merke: Eine Frau ist schwanger oder nicht. Ein bisschen schwanger gibt es nicht.

Menschen, die sich nie entscheiden können, fallen vielfach auf. Allein durch ihre Sprache. Sie formulieren ihre Sätze oft mit »aber«, wie z. B. »Das war sehr gut, aber …« Wer so redet, meint es nicht ehrlich. Durch das kleine Wort *aber* hebeln Sie am Ende des Satzes den ersten Teil wieder aus. »Das ist ein gutes Ergebnis, aber es hätte noch besser sein können.« Noch anders ausgedrückt: Das Ergebnis war schlecht. Anders ausgedrückt: Vergessen Sie alles, was vor dem Wort aber steht!

Der »Gottvater« des positiven Denkens ist unbestritten der Amerikaner Dr. Joseph Murphy. Sein Credo: ***Die Freiheit, Entscheidungen zu treffen, ist die herausragendste menschliche Eigenschaft, unser höchstes Privileg. Indem Sie sich für ein Ziel entscheiden und es dann konsequent verwirklichen, offenbart sich Ihre schöpferische Macht.***

In der Tat ist die Freiheit, sich frei entscheiden zu dürfen, ein sehr großes Geschenk, über das jeder Mensch verfügt. So haben Sie z. B. die freie Wahl, ob Sie sich ärgern wollen oder nicht, ob Sie im Regen spazieren gehen oder doch lieber zu Hause bleiben. In diesen Möglichkeiten liegt die Herausforderung. Wenn ich auf meinen Seminaren von diesen Möglichkeiten spreche, meinen einige Teilnehmer, sie hätten nicht die freie Wahl zwischen z. B. zur Arbeit zu gehen oder doch lieber im Bett liegen zu bleiben. Oh doch, jeder hat die Wahl. Die Frage ist nur, welche Konsequenzen die Entscheidung mit sich bringt. Wenn Sie einen Arbeitsvertrag haben, dann müssen Sie diesen erfüllen, sonst gibt es Ärger. Auch ich habe ja einen Vertrag mit Ihnen, wenn Sie mein Seminar buchen. Dafür haben Sie bezahlt und damit das Recht, zu kommen. Ich kann dann wohl schlecht sagen, dass ich es lieber vorziehe, am Rhein in Düsseldorf zu liegen und mir die Sonne auf den Bauch scheinen zu lassen. Ich denke, das ist allen wohl klar, und darum geht es ja auch gar nicht. Die Entscheidung für oder gegen etwas findet oft viel früher statt. So haben Sie sich irgendwann entschieden, als Angestellter zu arbeiten und nicht als Selbstständiger. Der hat nämlich die Möglichkeit, unter gewissen Umständen seine Termine so zu legen, dass er sich tatsächlich bei schönem Wetter in die Sonne legen und lieber abends Termine wahrnehmen kann. Was immer es auch ist, Sie allein treffen die Entscheidung für oder gegen etwas. Das wird von Ihnen, ja sogar vom Leben erwartet, ansonsten gäbe es wohl kaum eine Evolution. Somit hat jede Entscheidung zwei Seiten. Wenn Sie sich für eine Sache entscheiden, entscheiden Sie sich automatisch gegen die andere. Dazwischen gibt es nichts. Das erkannte bereits der griechische Philosoph Archimedes vor mehr als 2000 Jahren. In seinem Werk »De caelo« (Über den Himmel) beschreibt er einen Hund, der zwischen zwei Mahlzeiten steht und sich nicht für eine entscheiden kann. Er verhungert!

Oft verkennen wir, dass eine Entscheidung immer eine Konsequenz nach sich zieht. Innerlich lehnen wir uns dagegen auf und verfluchen unsere Entscheidung, statt sie zu akzeptieren. Wenn Sie in den fünften Stock eines Hochhauses möchten, gibt es in der Regel zwei Wege, aber nur eine Entscheidungsmöglichkeit. Entweder nehmen Sie die Treppe oder aber den Aufzug. Nehmen Sie den Aufzug, müssen Sie gegebenenfalls damit leben, dass noch mehrere Menschen gleichzeitig in den engen Kasten steigen und dieser bei jedem Stockwerk anhält. Mürrische Zeitgenossen schauen auf die Uhr und ärgern sich jetzt, nicht die Treppe genommen zu haben. Innerlich regen sie sich über sich selbst auf: »Typisch ich. Kaum dass ich mal einen Fahrstuhl benutze, fährt das halbe Hochhaus mit. Hätte ich die Treppe benutzt, wäre ich bereits oben.« Wer sich für die Treppe entschieden hat, lebt mit einem ähnlichen Problem. Es könnte sein, dass vor ihm zwei Möbelpacker gerade damit beschäftigt sind, ein Möbelstück hinaufzutragen, sodass er keine Chance hat, daran vorbeizuhuschen. Oder eine ältere Dame blockiert mit ihren langsamen Schritten die Treppe etc. Jetzt könnte er sich stundenlang über diesen Zustand ärgern, das würde aber nichts ändern. Die Oma und die Möbelpacker werden sich kaum durch seine Gedanken ändern. Er aber regt sich so sehr auf, dass der Puls rast und Bluthochdruck die Folge ist. Das muss nicht sein. Stehen Sie zu Ihren Entscheidungen ohne Wenn und Aber. Nur dann finden Sie zur inneren Ruhe zurück.

Ansonsten könnte es Ihnen so ergehen wie dem Bauern, der mit seinem Sohn unterwegs ist. Der Bauer reitet aufgrund seines Alters auf dem Pferd, während sein Sohn neben ihm läuft. Als sie ein Dorf erreichen, rufen einige Passanten erbost: »Schaut euch den Bauern an. Der lässt seinen kleinen Jungen neben dem Pferd herlaufen. Er sollte sich schämen. Das arme Kind.« Der Bauer hört das, steigt ab und setzt seinen Sohn aufs Pferd. Sie verlassen das Dorf und kommen schon bald in das nächste. Dort schreien die Bewohner empört: »Das darf doch nicht wahr sein. Da thront der Sohn wie ein König auf dem Pferd, während der arme alte Mann zu Fuß gehen muss.« Also setzt der Bauer sich zu seinem Sohn aufs Pferd und sie trotten ins nächste Dorf, in freudiger Erwartung, es jetzt richtig gemacht zu haben. Doch auch hier werden sie bitter enttäuscht. Ein Dorfbewohner schreit sogar nach dem Tierschutz, weil das arme Pferd die zwei schweren Personen zu tragen hat. Also steigen die beiden ab und laufen nun neben dem Pferd, als sie plötzlich lautes Lachen hören: »Seht euch nur den dummen Bauern und seinen Sohn an. Haben ein Pferd und laufen doch zu Fuß.« Die Moral von der Geschichte: Wie immer Sie sich entscheiden, es ist Ihre Entscheidung. Sie sind nicht auf der Welt, um anderen zu gefallen. Stehen Sie daher zu Ihren Entscheidungen.

Punktgenau

Bin ich bereit, ab sofort die volle Verantwortung für alle meine Entscheidungen zu übernehmen, frei jeder Bewertung?

PAULS MOTIVATIONSTIPP:

WAS WIR LOSLASSEN, KANN UNS NICHT MEHR FESTHALTEN.

Ernst Ferstl

5.03 Darum sollten Sie sich sofort entscheiden

Stellen Sie sich vor, immer um Mitternacht würde Ihnen eine Bank 86.400 Euro auf Ihrem Konto gutschreiben. Wie würden Sie sich dabei fühlen? Die Vorstellung allein wird bei Ihnen größte Freude auslösen, oder? Die Bank hat aber eine entscheidende Bedingung in den Vertrag geschrieben. Das Geld wird mit jeder Minute weniger, am Ende des Tages, also um 23.59 Uhr, ist der Betrag auf null. Und, wie fühlen Sie sich jetzt? Wahrscheinlich schlechter. Sie werden nun versucht sein, das Geld zu nehmen, um damit Investitionen zu tätigen. Es sinnlos verrinnen zu lassen, würde Ihnen mit Sicherheit nicht in den Sinn kommen. Sie glauben, das alles sei eine Fiktion? Nun, dann muss ich Sie enttäuschen. Sie bekommen in der Tat jeden Tag 86.400 gutgeschrieben, allerdings keine Euro, sondern Sekunden. Jeden Tag haben Sie exakt 86.400 Sekunden Zeit, das zu tun, was Sie für richtig halten. Sobald Sie nichts tun oder den Tag nutzlos verstreichen lassen, verlieren Sie in der Tat Zeit und damit Geld. Wenn Sie diese gewaltigen Möglichkeiten nicht nutzen, ist es ganz allein Ihre Schuld. Keine Sekunde können Sie zurückholen, keine Sekunde bekommen Sie geschenkt. Das ist aus meiner Sicht die einzige Gerechtigkeit, die allen lebenden Menschen zuteil wird. Jeder hat gleich viel Zeit, nämlich 86.400 Sekunden pro Tag. Nur geht jeder verschieden damit um. Der eine hat große Probleme, die einfachen Aufgaben zu lösen, andere nehmen sich so viel vor, als wollten sie die Welt aus den Angeln heben. Wieder andere arbeiten bis zum Umfallen, weil sie glauben, die verlorene Zeit im Alter nachholen zu können.

Albert Einstein fasste seine Sicht der Dinge wie folgt zusammen: ***»Wenn man zwei Stunden mit einem netten Mädchen zusammensitzt, meint man, es wäre eine Minute. Sitzt man jedoch eine Minute auf einem heißen Ofen, meint man, es wären zwei Stunden. Das ist Relativität.«*** Wollen Sie den Wert eines Jahres ermessen, fragen Sie einen Abiturienten, der soeben durchgefallen ist. Um den Wert eines Monats zu ermessen, fragen Sie einen Kaufmann, der einen Monatswechsel über eine sechsstellige Summe ausgestellt hat. Um den Wert einer Woche zu ermessen, fragen Sie den Kreuzfahrer, der eine Woche All-inclusive-Urlaub gebucht hat. Um den Wert einer Stunde zu ermessen, fragen Sie ein Liebespaar. Um den Wert einer Minute zu ermessen, fragen Sie den Fluggast, der gerade seinen Flieger verpasst hat. Um den Wert einer Sekunde zu ermessen, fragen Sie den, der durch eine Vollbremsung einen Auffahrunfall verhindern konnte. Um den Wert eines Bruchteils einer Sekunde ermessen zu können, fragen Sie einen Formel-1-Fahrer. Um den Wert von einer Millionstel Sekunde ermessen zu können, fragen Sie die Physiker, die den Urknall im Universum erforschen.

Genießen Sie jeden Augenblick. Nutzen Sie jede Möglichkeit, eine Entscheidung zu treffen, statt die Zeit untätig verrinnen zu lassen. Die Zeit ist das höchste Gut. Die Zeit wartet nicht. In dem Lied »Ich liebe jede Stunde« der Gruppe Karat heißt es treffend:

Jeder Tag zeigt mir sein Gesicht, es ist mir gleich, wie es zu mir spricht. Ich liebe jede Stunde. Wenn ich deine Nähe spür, dann fällt die Zeit wie Laub von mir. Ich liebe jede Stunde.

Punktgenau

Time is money – ich weiß jetzt um die Bedeutung dieser Botschaft. Deshalb lasse ich keine Sekunde nutzlos verstreichen.

PAULS MOTIVATIONSTIPP:

SELBSTACHTUNG ZU GEWINNEN, DARAUF VERWENDEN WIR WENIG ZEIT.

Josef von Sternberg

5.04 Keine Angst vor dem Versagen

Viele Menschen fürchten sich vor dem Versagen so stark, dass sie nicht bereit sind, überhaupt etwas in Angriff zu nehmen. Sie nutzen keine Chancen und versuchen nie etwas Neues. Damit wollen sie dem Versagen aus dem Weg gehen. Wer sich so verhält, wird wohl kaum Erfolg haben. Aber ist es denn wirklich ein Versagen, wenn man sich Ziele setzt und diese ansteuert? Ganz bestimmt nicht. Was immer wir erreichen wollen, nie können wir sicher sein, dass uns nicht einige Stolpersteine in den Weg gelegt werden. Es kommt darauf an, diese Hindernisse aus dem Weg zu räumen und unbeirrt an seinen Zielen festzuhalten. Hindernisse sind völlig normal und haben so gar nichts mit Versagen zu tun. Aus meiner Sicht versagt jemand, der nicht bereit ist, ein Ziel zu definieren und es mit aller Kraft anzusteuern. Für mich sind auch jene Menschen Versager, die beim ersten Problem schon aufgeben. Je größer die Ziele, desto mehr Fehler werden Sie machen. Das ist völlig normal. Fehler zeigen Ihnen, dass Ihr Verhalten an dieser Stelle nicht richtig war. Sie werden Ihre Strategie verändern müssen, um Ihr Ziel zu erreichen. Fehler sind Wegweiser. Sie zeigen Ihnen, dass es so, wie Sie es angegangen sind, nicht funktioniert. Denken Sie nach, ändern Sie Ihre Strategie, und schon kann es weitergehen. Die Indianer sagen: ***»Wenn das Pferd tot ist, steig ab.«*** Mit Versagen hat das nichts zu tun.

Überspielen Sie nie einen Fehler. Es ist besser, Wissenslücken zuzugeben, als seine Unwissenheit zu überspielen. Niemand kann so gut schauspielern, dass am Ende seine Schwächen nicht auffallen würden. Sie wirken glaubwürdiger und menschlicher, wenn Sie jemanden bitten, Ihnen zu helfen, weil Sie z. B. in dieser Situation, in der Sie einen Fehler verursacht haben, allein nicht weiterkommen. Sich helfen zu lassen, hat nichts mit Schwäche zu tun. Es beweist, dass Sie zu Ihren Fehlern stehen und sich gern helfen lassen. Das wirkt auf andere sympathisch.

Wo gehobelt wird, fallen bekanntlich auch Späne. Ich finde es jämmerlich, wenn Menschen aus Angst zu versagen lieber an ihrem eintönigen Leben festhalten. Diese Menschen sitzen sprichwörtlich ihr Leben ab wie in einer Gefängniszelle und warten darauf, endlich entlassen zu werden. Das Jahreshighlight dieser Menschen besteht darin, einmal im Jahr zur Faschingszeit eine Maske aufzusetzen und es richtig krachen zu lassen. Sie verstecken sich hinter dieser Maske, legen dann für wenige Stunden ein exzessives Verhalten an den Tag und bleiben unerkannt. Das sind Menschen, bei denen auf dem Grabstein auch stehen könnte: »Ungeöffnet zurück.« Diese Menschen gehen mit zunehmendem Alter immer gebückter. Ihre ohnehin versteinerte Miene verfinstert sich noch mehr. Frustriert, angewidert und vom Leben enttäuscht laufen sie über die Straße in der bangen Hoffnung, weder erkannt noch angesprochen zu werden.

Vielleicht finden Sie diese Worte etwas hart. Doch ich bin mir sicher, dass Sie dieses Buch nicht in die Hand genommen haben, um es nur zu lesen. Sie wollen etwas lernen, Unterhaltungslektüre sieht anders aus. Ich sehe meine Aufgabe darin, Menschen wachzurütteln. Gestatten Sie mir, dass ich auch Sie an dieser Stelle noch einmal wachrütteln möchte. Nehmen Sie Ihr Schicksal in die Hand! Was kann Ihnen im schlimmsten Fall passieren? Nichts, was Sie nicht lösen können! Schon Udo Jürgens besang es so schön: »Und immer wieder geht die Sonne auf.« Er sang aber auch: »Der Teufel hat den Schnaps gemacht, um uns zu verderben.« So haben wir, wie immer, die Wahl, auf der Sonnenseite des Lebens zu stehen oder im wahrsten Sinne des Wortes den Verstand zu versaufen. Letzteres kann man nur einmal, die Sonne genießen dagegen jeden Tag aufs Neue.

Ein chinesisches Sprichwort sagt: ***»Der Kluge lernt nach dem ersten Fehler, der Dumme nach dem x-ten Fehler, der Weise lernt nie aus.«*** Insofern sollten Sie in Fehlern genau das sehen, was sie sind: eine Aufforderung, ein Verhalten neu zu überdenken. Dazu gibt es eine einfache Strategie, die ich von dem bekannten amerikanischen Erfolgsautor Mark McCormack übernommen habe:

1. Stehen Sie zu Ihren Fehlern. – Da habe ich einen Fehler gemacht.
2. Stehen Sie zu Ihren Wissenslücken. – Weiß ich nicht.
3. Wenn Sie Hilfe benötigen, bitten Sie darum. –
   Die Wunderfrage: »Bitte helfen Sie mir?«

So simpel wie diese drei Punkte auf den ersten Blick aussehen, Sie sollten ihre Wirkung niemals unterschätzen. Sagen ist bekanntlich nicht tun, deshalb empfehle ich Ihnen, bei nächster Gelegenheit diese Strategie anzuwenden. Seien Sie sich der positiven Wirkung bewusst.

Punktgenau

Meine Fehler sind ein Teil von mir. Ich bleibe mir selber treu und lerne jeden Tag neu dazu.

PAULS MOTIVATIONSTIPP:

LACHE UND DIE WELT LACHT MIT DIR.

KAPITEL 6

AUF DAS TIMING KOMMT ES AN

Erfolgreich zu sein, setzt zwei Dinge voraus:
Klare Ziele zu haben,
und den brennenden Wunsch, sie zu erreichen.

Johann Wolfgang von Goethe

6.01 So habe ich mehr Zeit

Arthur Schopenhauer meinte: ***»Jeder Tag ist ein neues Leben, jedes Aufwachen und Aufstehen eine kleine Geburt, jeder frische Morgen eine kleine Jugend und jedes Zubettgehen und Einschlafen ein kleiner Tod.«***
Schade nur, wenn man diesen Tag plan- und ziellos angeht. Die Zeit ist viel zu kostbar, um sie zu vertrödeln. Seien wir ehrlich: Was haben wir uns nicht schon alles in die Hand versprochen? Was haben wir davon tatsächlich getan bzw. umgesetzt? Oft gar nichts.

»Die Zeit ist zu kostbar, um sie mit den falschen Dingen zu verschwenden«, *lehrte schon der große Schauspieler Heinz Rühmann. Ich finde es erschreckend, wie Menschen mit ihrer Zeit umgehen. Noch schlimmer aber sind die, die mit der Zeit anderer inflationär umgehen. Das »akademische Viertel« hat sich mittlerweile als fester Bestandteil in vielen Terminplanungen eingenistet, was es aber noch nicht legitimiert. Wie selbstverständlich rufen Geschäftspartner kurz vor dem fixen Termin an und sagen, als wäre es die normalste Sache der Welt: »Ich komme c. t.« Klingt megawichtig, ist aber eine Unverschämtheit. C. t. ist die lateinische Abkürzung für »cum tempore« – »mit Zeit«. In der Geschäftswelt steht c. t. für eine Viertelstunde. Wer also c. t. kommt, kommt 15 Minuten später als geplant, als wäre es – wie gesagt – die normalste Sache der Welt.*

Wenn Sie sich deutlich von anderen absetzen wollen, brauchen Sie nur pünktlich zu sein. Damit schlagen Sie wirklich jeden aus dem Rennen. Ihr Gesprächspartner wird das entsprechend zu würdigen wissen, auch wenn er es Ihnen nicht so direkt sagt. Wenn Sie pünktlich zum vereinbarten Termin erscheinen, bringen Sie zum Ausdruck, dass Ihre Zeit und die Zeit Ihres Partners wertvoll ist. Durch dieses Verhalten verdeutlichen Sie, dass Ihnen dieser Mensch nicht unwichtig ist. Im Gegenteil, Sie werten ihn durch Ihr Verhalten auf. Er wird spüren, dass Sie es ehrlich meinen.

Oft muss ich mir anhören, dass ja eigentlich keiner mit Absicht zu spät kommt. Aber der Verkehr, der Stress im Büro und dann noch das permanent klingelnde Handy müssen immer wieder als dumme Ausrede herhalten. Offen gestanden ist es mir z. B. als Kunde völlig egal, welche Probleme ein Verkäufer im Umgang mit der Zeit hat. Er hat pünktlich zu erscheinen und darum geht es. Alles andere ist unwichtig.

Wenn Sie Termine wahrnehmen, kalkulieren Sie mit einem großen Zeitfenster. Rechnen Sie grundsätzlich mit Verzögerungen. Legen Sie Ihre Termine so, dass noch immer etwas Luft für Unvorhergesehenes bleibt. Führt Ihr Weg über die Autobahn, dann sollten Sie gerade zur Rushhour mit Staus rechnen oder zähfließendem Verkehr. Staus geschehen selten zufällig und sind, gerade in Ballungszentren, an der Tagesordnung. Wer das weiß, wird bei all seinen Planungen immer wieder die notwendige Zeit dafür einplanen. Sollte man dann wider Erwarten etwas früher zum vereinbarten Termin erscheinen, bleibt einem noch genug Zeit, sich auf das Gespräch vorzubereiten. Sicher kennen Sie auch das Gegenteil. Wenn Sie zu spät von zu Hause wegfahren, hat sich scheinbar alles gegen Sie verschworen. Jede Ampel steht auf Rot, der Tank ist fast leer und Sie müssen mehrfach um den Block fahren, um endlich einen Parkplatz zu finden. Unter Stress steigen Sie aus dem Auto und rennen die letzten Meter zum vereinbarten Treffpunkt. Völlig verschwitzt, abgekämpft und wahrscheinlich noch mit fehlenden Unterlagen klingeln Sie an der Tür des Gesprächspartners. Was glauben Sie, welchen Eindruck Sie in diesem Augenblick hinterlassen? Sie können sich diese Frage selbst beantworten. Das Gespräch, besonders wenn es sich dabei auch noch um ein Verkaufsgespräch handelt, können Sie meiner Meinung nach vergessen, denn in diesem Zustand sind Sie gar nicht in der Lage, einen klaren Gedanken zu fassen.

Punktgenau

Ist Ihnen Zeit, auch im Umgang mit anderen, gleichgültig, also gleich gültig?

PAULS MOTIVATIONSTIPP:

MAN WIRD ALT, WENN MAN SPÜRT, DASS DIE NEUGIERDE NACHLÄSST.

André Siegfried

6.02 Die Zeit nehme ich mir

Auch Sie sind es wert, dass Sie sich Termine setzen, zu denen Sie sich Zeit für sich selbst nehmen. Das ist ganz wichtig. Sie sind Ihr größtes Kapital. Es ist besser, sich beizeiten um seine Gesundheit zu kümmern als erst im Zustand von Krankheit. Also haben Sie das Recht, sich über den Tag verteilt einige private Termine zu reservieren. Es kommt dabei nie auf die Länge dieser Phasen an. Alle zwei Stunden für zehn Minuten innezuhalten, ist für Ihren Körper und Ihr Wohlbefinden besser, als nur eine Mittagspause von einer Stunde einzulegen.

Goethe meinte: ***»Gegenüber der Fähigkeit, die Arbeit eines einzigen Tages sinnvoll zu ordnen, ist alles andere im Leben ein Kinderspiel.«*** In der Tat kommen viele Probleme zustande, weil man sich selbst nicht organisiert hat und sich treiben lässt wie ein Blatt im Wind. Wer sich in Disziplin übt und jeden Abend einen Ablaufplan für den nächsten Tag erstellt, kann viel klarer arbeiten und ist besser gegen Störungen gewappnet. Dabei werden die Aufgaben in verschiedene Prioritäten eingeteilt, wie z. B. ***• 1 = höchste Priorität • 2 = niedrige Priorität • 3 = weniger wichtig • 4 = kann ein anderer übernehmen • 5 = unwichtig.*** Achten Sie bitte darauf, dass Sie Arbeiten höchster Priorität so einplanen, dass dazwischen einige Pausen bzw. Phasen weniger wichtiger Arbeitsprozesse liegen. So können Sie leichter abschalten und sich gestärkt an die nächste Aufgabe machen. Wichtig ist auch, dass Sie nicht zu viele Aufgaben der ersten Stufe in einen Tag legen. Zwei bis maximal drei davon reichen vollkommen. Alles andere wäre eine glatte Überforderung und endet nicht selten im Stress.

Punktgenau

Bin ich bereit, jeden Abend einen schriftlichen Tagesablaufplan für den kommenden Tag zu erstellen?

PAULS MOTIVATIONSTIPP:

ARBEITEN, UM NICHT DENKEN ZU MÜSSEN, IST AUCH FAULHEIT.

Erhard Blanck

KAPITEL 7

ORDNUNG IST DAS HALBE LEBEN

Es herrscht Ordnung im Universum.

Mahatma Gandhi

7.01 So schaffe ich Ordnung in meinem Leben

»Eine Stimme sprach aus dem Chaos: Sei glücklich und froh, es hätte schlimmer kommen können. Ich war froh und lächelte, und es kam schlimmer.« Wer kennt ihn nicht, diesen Kalauer? Ein anderer meint: »Wer Ordnung hält, ist nur zu faul zum Suchen.« Tatsächlich aber liegt die Problematik viel tiefer. Erinnern Sie sich an das Erlernte: ***wie innen, so außen.*** Wer innerlich zerrissen und mit sich selbst quasi nicht im Reinen ist, zeigt es unbewusst auch nach außen. Ein solcher Mensch lebt im Chaos. Im Büro, auf dem Schreibtisch, überall türmen sich die Aktenberge, in der Küche das Geschirr, im Bad die Wäsche und in der Garage das Gerümpel. Auch hier gilt das bereits mehrfach Gesagte: Wer so lebt, muss seine innere Einstellung ändern, mit allen Programmen brechen und sie buchstäblich entrümpeln. In dieser Klarheit wird sich, fast automatisch, auch seine Umwelt ändern.

Die Art und Weise, wie Sie z. B. Ihr Büro führen, sagt sehr viel über Ihre Persönlichkeit aus. Je aufgeräumter und organisierter Ihr Arbeitsplatz, desto leichter geht Ihnen die Arbeit von der Hand. An Ihrem Arbeitsplatz und auf Ihrem Schreibtisch sollte deshalb nur das vorhanden sein, was Sie sofort oder in nächster Zukunft benötigen. Alle störenden Gegenstände und sogenannte »Steh-im-Weg-Klamotten« haben hier nichts zu suchen. Sie sind zum einen Staubfänger und zum anderen stören sie oft empfindlich das Umfeld. Alles hat schließlich seinen Platz. Unerledigte Papiere gehören in den entsprechenden Vorordner, um beizeiten bearbeitet zu werden. Alle anderen Unterlagen sind natürlich fein säuberlich in entsprechenden Ablagesystemen aufbewahrt. Es versteht sich von selbst, dass diese Dinge ordentlich beschriftet sind, um alles jederzeit schnell wieder zu finden.

Weil bei mir täglich sehr viele Dinge auf den Tisch kommen, habe ich mir angewöhnt, vor der Bearbeitung eine Vorsortierung vorzunehmen. Ich beginne zunächst mit den wichtigen Dingen, die mich meinen Zielen näher bringen. Dann erledige ich anschließend die sogenannten dringenden Dinge. Den Rest der Arbeit delegiere ich jeweils einen Vorgang nach dem anderen.

Punktgenau

Bin ich bereit, mein Leben zu entrümpeln und Ordnung zu schaffen – auf Dauer?

PAULS MOTIVATIONSTIPP:

GEBRAUCHT DIE ZEIT, SIE GEHT SO SCHNELL VON HINNEN, DOCH ORDNUNG LEHRT EUCH ZEIT GEWINNEN.

Johann Wolfgang von Goethe

7.02 Ich vermeide Perfektionismus

Wer heute erfolgreich sein will, von dem wird erwartet, dass er perfekt ist. Jeder Beruf kostet Kraft. Müssen daneben noch die normalen Dinge des täglichen Lebens erledigt werden, geraten wir leicht außer Atem. In solchen Momenten ist es völlig unmöglich, perfekt zu sein. Das muss man akzeptieren, alles andere macht krank. Denken Sie immer daran: Sie haben nur dieses eine Leben. Richtig schlimm wird es, wenn man der Ansicht ist, es läge an uns selbst, dass wir dieses oder jenes nicht mehr schaffen. Irrtum. Es sind wirklich die veränderten Lebensgewohnheiten, die uns zu dem gemacht haben, was wir heute sind. Wer täglich zwischen vielen Aufgaben jonglieren muss, kann nicht perfekt sein. Akzeptieren Sie das! Bemühen Sie sich, einen guten Job zu machen, mehr nicht. Vollkommenheit wird man nie erreichen können, somit ist ein Perfektionist immer ein Verlierer, egal wie sehr er sich auch abstrampeln wird. Der Begriff *perfekt* heißt übersetzt *vollendet.* Wollen Sie das wirklich? Auch hier steckt ein weiterer Begriff innerhalb des Wortes: Ende(!) von vollENDEt. Ende wird sehr häufig mit Tod gleichgesetzt. Der Tod beendet das Leben. Das Leben aber ist Entwicklung und damit nie fertig. Solange Sie Fehler machen, dürfen Sie doch ein gutes Gefühl haben. Denn es zeigt, dass Sie am Leben sind und dass Sie etwas tun, sich sogar weiterentwickeln. Jemand, der nicht arbeitet, macht auch keine Fehler. Dass wir uns nicht falsch verstehen: Natürlich erwarte ich auch von anderen, dass sie gut und zuverlässig arbeiten, aber immer nur im Rahmen ihrer Möglichkeiten. Alles andere ist verantwortungslos. Ich würde mich auch von keinem Chirurgen operieren lassen, der mir sagt, er würde nur halbherzig den Brustkorb öffnen.

Die Geschichte ist voller Beispiele, die uns tagtäglich beweisen, dass nichts perfekt ist. Wenn Bill Gates, der Mitbegründer von Microsoft, so lange gewartet hätte, bis er wirklich ein perfektes Windows-Betriebssystem auf den Markt bringen konnte, würde kaum ein Computer auf dem Schreibtisch stehen und das Internet wäre noch immer nicht so leicht zugänglich. Bill Gates hat einfach angefangen und sich ständig weiterentwickelt. Genau so funktioniert das Leben. Kein Mensch kommt mit einer »Gebrauchsanweisung fürs Leben« auf die Welt. Learning by doing ist das Stichwort. Durch Handeln lernen. Das ist das Leben. Es lebe die Unvollkommenheit. Die Geschichtsbücher sind voller Beispiele von Menschen, deren Ausgangspositionen alles andere als erfolgversprechend waren. Um Pfarrer, Arzt oder Rechtsanwalt zu werden, braucht man Abitur. Dass es auch ohne geht, sahen wir z. B. bei Steffi Graf. Sie ist eine der erfolgreichsten Tennisspielerinnen aller Zeiten. Sie besuchte die Realschule. Michael Schumacher, bester Rennfahrer aller Zeiten, machte eine Kfz-Lehre und besuchte zuvor die Realschule. Ebenso wie der jüngste Wimbledon-Gewinner aller Zeiten: Boris Becker. Die reichsten Deutschen, Karl und Theo Albrecht, besuchten nur die Volksschule. Der Nobelpreisträger Günther Grass verließ das Gymnasium vorzeitig und absolvierte eine Steinmetzlehre. Auch Thomas Mann verzichtete aufs Abitur und arbeitete zunächst als Versicherungsvolontär, bevor aus ihm einer der erfolgreichsten deutschen Schriftsteller wurde. Sie sehen, Schulbildung kann nützlich sein, sie entscheidet aber nie über Erfolg oder Misserfolg. Nur Ihr Talent, verbunden mit dem festen Willen, etwas schaffen zu wollen, sind die Garanten für Ihren Erfolg.

Punktgenau

Das Leben ist Entwicklung und Veränderung. Ich akzeptiere, dass auch ich nie perfekt sein kann. Ich gebe mein Bestes.

PAULS MOTIVATIONSTIPP:

KLEINIGKEITEN SIND ES, DIE PERFEKTION AUSMACHEN, ABER PERFEKTION IST ALLES ANDERE ALS EINE KLEINIGKEIT.

Sir Frederick Henry Royce

KAPITEL 8

ZIELMANAGEMENT

Der gerade Weg ist der kürzeste,
aber es dauert meist am längsten,
bis man auf ihm zum Ziele gelangt.

Georg Christoph Lichtenberg

8.01 Die Macht der Ziele

Der Kapitän eines Schiffes würde sich nie auf die Reise machen, ohne das Ziel zu kennen. Wie soll er einen Hafen ansteuern, wenn er noch nicht einmal weiß, wohin er möchte? Er kennt sein Ziel und damit auch Mittel und Wege, dieses Ziel zu erreichen. Mit uns Menschen verhält es sich ähnlich. Ohne Plan gleichen wir einem Schiff ohne Kompass. Wer einen Plan hat, kennt sein Ziel und kann es deshalb auch erreichen. Formulieren Sie Ihre Ziele immer in der Gegenwartsform und vermeiden Sie negative Aussagen. Wenn Sie reich werden wollen, dann sagen Sie sich, dass Sie reich sind, und stellen sich gedanklich vor, wie dieser immense Reichtum Ihr Leben verbessern wird. Üben Sie sich in Geduld. »Gut Ding will Weile haben«, mahnt ein Sprichwort. Auch wenn es nicht immer leicht ist, lassen Sie sich niemals entmutigen. Erfolgreiche Menschen werden nicht fürs Anfangen, sondern fürs Durchhalten bezahlt. Aufgeben ist eine Schwäche der Drückeberger. Erfolgreiche Menschen greifen beherzt zu, um zu gewinnen. Dabei wissen sie, dass jede Chance auch mit einem Risiko verbunden ist. Letztlich gibt man Altes auf, um Neues zu entdecken, ohne vorher zu wissen, wie das endgültige Ergebnis aussehen wird. Die gesamte Evolution ist ein konsequenter Prozess von Versuchen, Irrtümern und Erfolgen. Diese Gesetzmäßigkeiten lassen sich vortrefflich in der Natur beobachten. Wenn Lebewesen schwach werden, so sind sie leichte Beute für Raubtiere, die dadurch ihre Existenz sichern. So nährt der Verlierer den Gewinner. Klingt brutal, ist aber ein Naturgesetz. Wobei ich deutlich unterstreichen möchte, dass damit nicht nur die Stärksten oder Intelligentesten überleben. Es überleben die, die bereit sind, sich den veränderten Bedingungen anzupassen.

PAULS MOTIVATIONSTIPP:

WER VOM ZIEL NICHTS WEISS, KANN DEN WEG NICHT FINDEN.

Christian Morgenstern

So erreichen Sie Ihre Ziele

- ✓ Ihre Ziele müssen Sie motivieren und herausfordern.
- ✓ Formulieren Sie Ihre Ziele positiv.
- ✓ Schreiben Sie Ihre Ziele auf.
- ✓ Formulieren Sie Ihre Ziele in der Gegenwartsform.
- ✓ Drücken Sie sich konkret aus – keine Universalaussagen, diese lassen diverse Fluchttüren offen.
- ✓ Das Ziel muss in Ihrer eigenen Macht stehen. Die Erreichbarkeit darf nicht von anderen abhängig sein.
- ✓ Gestalten Sie Ihre Ziele erreichbar und glaubhaft.
- ✓ Vermeiden Sie Weichmacher, wie z. B. möchte, könnte, vielleicht, versuche, eigentlich. Formulieren Sie immer direkt und konkret.
- ✓ Bestimmen Sie den zeitlichen Rahmen. Das bringt Sie schneller zum Handeln.
- ✓ Ziele müssen sich gegenseitig unterstützen.
- ✓ Legen Sie Ihre Ziele schriftlich fest. Diese Handlungsliste hilft Ihnen, gezielt vorzugehen.
- ✓ Visualisieren Sie täglich Ihre Ziele.

Punktgenau

Bringt mich das, was ich gerade tue, meinem Ziel näher?

8.02 So setze ich meine »guten« Vorsätze in die Tat um

Schon Cicero mahnte: ***»Aller Eifer, etwas zu erreichen, nutzt freilich gar nichts, wenn du das Mittel nicht kennst, das dich zum erstrebten Ziele trägt und leitet.«*** Ich möchte Ihnen heute einen Weg vorstellen, den Sie jetzt gehen können, um Ihre Ziele noch einfacher zu erreichen.

Ein Weg, um Ihre Ziele noch einfacher zu erreichen

1. Wohin möchten Sie?

Wenn ich diese Frage in meinen Seminaren stelle, bin ich immer wieder überrascht, dass die meisten damit überfordert sind. Sie können Ihnen tausend Gründe sagen, was sie nicht möchten, aber nicht einen, warum sie ein bestimmtes Ziel erreichen möchten. Diese Einstellung ist falsch, denn immer das, worauf wir unsere Energie richten, verstärkt sich. Konzentrieren Sie sich auf den Mangel, dann vergrößern Sie ihn. Schauen Sie in Richtung Erfolg, desto schneller tritt der Erfolg ein. Wichtig ist zunächst, sich auf ein Ziel zu konzentrieren.

2. Fangen Sie an!

Sagen ist bekanntlich nicht tun. Kennen Sie die Morgen-Menschen? Das sind Menschen, die morgen damit anfangen werden, etwas in ihrem Leben zu verändern. Doch morgen ist nie. Eine reine Fiktion. Es gibt immer nur das Hier und Jetzt. Nur jetzt, in diesem Augenblick, können Sie etwas tun. Nicht morgen. Jetzt!

3. Überwachen Sie Ihre Entwicklung!

»Die Schwierigkeiten wachsen, je näher man dem Ziel kommt«, wusste schon Goethe. Bleiben Sie am Ball. Niemand wird fürs Aufgeben, sondern nur fürs Durchhalten bezahlt. Schreiben Sie Ihre Ziele auf. Nur so kommt diese Botschaft in Ihrem Unterbewusstsein an. Wenn Sie Ihre Ziele notieren, dann schreiben Sie unbedingt dazu, warum Sie dieses und kein anderes Ziel erreichen wollen. Das ist ganz wichtig. Es wird der Zeitpunkt kommen, an dem

Ihnen Ihre Ziele lästig werden. In diesem Moment trennt sich die Spreu vom Weizen und viele Enthusiasten werden wieder zu Leisetretern und fallen in ihr altes Verhaltensmuster zurück. Nur wenige schaffen den Durchbruch. Sie schaffen es, weil sie in der Lage sind, die Zeit noch einmal zurückzudrehen, um sich in Erinnerung zu rufen, welche Gründe damals zu dieser Entscheidung geführt hatten. In Stichpunkten haben sie sich dazu Notizen gemacht, die sie in schwachen Momenten immer wieder lesen, um so neue Kraft für das angestrebte Ziel zu tanken.

Vergessen Sie nie: Aller Anfang ist schwer und bekanntlich ist noch kein Meister vom Himmel gefallen. Deshalb verzagen Sie nicht, wenn es nicht auf Anhieb funktioniert. Es wird funktionieren, wenn Sie fest an sich glauben. Fangen Sie jetzt an.

Jetzt ist die beste Zeit zum Handeln.

Punktgenau

Was hat mich bisher davon abgehalten, Neues zu wagen? Welches neue Projekt werde ich jetzt anpacken und voranbringen?

PAULS MOTIVATIONSTIPP:

ICH WILL EUCH MEIN ERFOLGSGEHEIMNIS VERRATEN: MEINE GANZE KRAFT IST NICHTS ANDERES ALS AUSDAUER.

Louis Pasteur

8.03 Ich bin der Manager meines Lebens

Der Begriff des Managers ist in Deutschland sehr negativ besetzt. Zu tief sitzt die Wut über die Verantwortlichen, die aus Gewinn- und Profitstreben Arbeitsplätze abbauen. Auf Pressekonferenzen feiern die Manager ihre Milliarden-Euro-Gewinne und verkünden im selben Atemzug den Abbau von mehreren tausend Arbeitsplätzen. Kein Wunder, dass hier Volkes Seele kocht.

Dennoch macht man es sich zu einfach, immer nur auf die da »oben« zu zeigen und ihnen alle Schuld in die Schuhe zu schieben. Die Zeiten haben sich geändert und sind mit Sicherheit härter geworden. Das gilt es zu akzeptieren. Wer das nicht will, muss mit den Konsequenzen leben. Noch immer glauben fast 40 Millionen Angestellte und Arbeiter in Deutschland, sie haben ein Recht auf einen Arbeitsplatz, weshalb sie immer wieder Garantien einfordern. Mit Hilfe der Gewerkschaften werden dann Verträge abgeschlossen, die den Fortbestand der Arbeitsplätze sichern. Ich finde dieses Verhalten unverantwortlich, weil es die Menschen täuscht. In unserer globalisierten Welt gibt es keine Sicherheiten mehr. Egal, wie viele Seiten ein Vertrag auch hat, wenn das Unternehmen keine Umsätze und Gewinne erwirtschaftet, wird Personal abgebaut oder, schlimmer noch, das ganze Unternehmen geschlossen.

In Kapitel 3.11 – Darum werde ich mein Leben ändern – habe ich von der Verantwortung gesprochen, die wir alle zu tragen haben. Diese Verantwortung können wir nicht portionsweise übernehmen, sie gilt immer und ganz besonders in Zeiten der Globalisierung. Viele deutsche Markenhersteller sind pleite, weil ihre Produkte zu teuer waren. Die Konsumenten haben stattdessen preisgünstigere Produkte aus Fernost gekauft. Das ist verantwortungslos. Wie kann man hier den Erhalt eines Arbeitsplatzes einfordern, wenn man gleichzeitig Produkte ausländischer Hersteller erwirbt? Natürlich ist die Welt weder schwarz noch weiß und ich will mitnichten gegen die ausländische Übermacht polemisieren. Mir geht es in diesem Beispiel einfach darum, Ihnen zu zeigen, dass wir für alles im Leben selbst verantwortlich sind. Unser Verhalten bestimmt das Ergebnis. Sie können Ihr Geld nur einmal ausgeben, entweder für ausländische oder inländische Produkte. Die Entscheidung liegt bei Ihnen.

Sie sind der Manager Ihres Lebens und damit für alles verantwortlich, was passiert. Je bewusster Sie sich das machen, desto klarer werden Sie zukünftig Entscheidungen treffen und dafür die volle Verantwortung übernehmen. Dadurch unterscheiden Sie sich bereits von Millionen anderen. Hierzu fällt mir ein Erlebnis ein, das ich vor einiger Zeit in meiner Heimatstadt hatte. Wegen eines abgelaufenen Parkzettels erhielt ich einen Bußgeldbescheid über 20 Euro. Der Brief begann natürlich im typischen Amtsdeutsch: »Sehr geehrter Verkehrsteilnehmer, Ihnen wird zur Last gelegt …«, und er endete doch noch »Mit freundlichen Grüßen«, aber unterschrieben von einer Dame mit folgendem Zusatz: »Auf Anordnung«. Wissen Sie, wenn ich so etwas lese, dann frage ich mich immer wieder, ob diese Menschen glauben, dass es am Ende des Lebens so etwas wie eine Belohnung dafür gibt, sein Leben auf Anordnung und nicht selbstbestimmt gelebt zu haben. Was müssen das für Menschen sein, die ihr Leben damit verbringen, Dinge zu tun, die andere von ihnen erwarten. Wir haben doch nur dieses eine Leben und deshalb das Recht, es frei und selbstbestimmt zu leben. Deshalb ist jede Sekunde einzigartig und wir haben das Recht, diese Einzigartigkeit zu erleben. Kramen Sie Ihre Geburtsurkunde oder Ihr Abschlusszeugnis heraus. Schauen Sie sich diese Papiere ganz genau an. Steht dort geschrieben, wie viel Geld Sie im Leben verdienen dürfen? Steht da geschrieben, dass Sie nur das Zeug zum »normalen« Angestellten mit einem normalen Durchschnittsgehalt haben? Steht da geschrieben, dass andere dauerhaft über Ihr Leben bestimmen dürfen? Steht da geschrieben, dass Sie nie reicher werden dürfen als andere? Wohl kaum, oder? Es erhebt sich die Frage, warum viele Menschen so tun, als würde es dort stehen. Wenn ich in meinen Seminaren die Frage stelle, wer von den Anwesenden selbstständig ist und ein eigenes Unternehmen führt, melden sich nur einige wenige. Die Mehrheit liebt die Sicherheit des Angestelltendaseins. Schade nur, dass die nicht mehr von Dauer ist. Experten wollen ausgerechnet haben, dass der heutige Angestellte mindestens dreimal im Leben einen neuen Beruf ausüben wird. Wohlgemerkt, die Rede ist von Beruf und nicht von Arbeitsplatzwechsel. Die einzige Sicherheit, die Sie haben, sind Sie. Sie allein können die Geschicke bestimmen. Sie sind der Manager Ihres Lebens. Je eher, desto besser.

Punktgenau

Habe ich als Manager meines Lebens mein großes Lebensziel festgelegt und die dafür notwendigen Schritte zur Zielerreichung definiert?

PAULS MOTIVATIONSTIPP:

DAS SCHÖNSTE, WAS WIR ERLEBEN KÖNNEN, IST DAS GEHEIMNISVOLLE. ES IST DAS GRUNDGEFÜHL, DAS AN DER WIEGE VON WAHRER KUNST UND WISSENSCHAFT STEHT.

Albert Einstein

8.04 Die richtige Zielprogrammierung

Ich bin begeisterter Marathonläufer. Das war nicht immer so. Mein erster Marathon begann mit einer Wette: Mein Freund Rainer und ich besuchten 1998 ein Seminar an der Sporthochschule Köln. Spontan wetteten wir, ein Jahr später den Köln-Marathon mitzulaufen. Während Rainer die Vorbereitungszeit vorbildlich nutzte, strikt nach Laufplan trainierte und auf viele Genüsse verzichtete, kam ich nicht voran: Ich war beruflich zu viel unterwegs, um täglich zu trainieren. Rainer trug nicht gerade zu meiner Motivation bei, als er mir einen Artikel aus »Runner's World« unter die Nase hielt, der mir meine mangelnde Vorbereitung bestätigte. Das erinnerte mich an ein Gespräch, das ich vor Jahren mit Reinhold Messner geführt hatte und in dem er mir erzählte, wie er sich auf seine Achttausender vorbereitet hat: Er nahm jeden Abend seinen Berg mit ins Bett, bildlich gesprochen, indem er sich seinen Zielzustand täglich vor dem Schlafengehen mit allen Emotionen vorstellte: er auf dem Gipfel ... erschöpft ... am Rande seiner Ressourcen ... glücklich! Das wollte ich auch ausprobieren, zu verlieren hatte ich ja nichts. Zusätzlich zum körperlichen Training stellte ich mir also vor, wie ich in meiner Zeit (3:57 Stunden) in Köln ins Ziel einlaufe, mich hinknie und den Boden küsse (verrückt!). Der Marathon kam näher, ich bekam am Tag vorher noch leichtes Fieber, bin aber trotzdem gelaufen, irgendetwas trieb mich dazu an. Rainer und ich sind die ersten 40 Kilometer zusammen gelaufen, dann bin ich auf und davon und erreichte das Ziel zwei Minuten vor ihm. Wie in meiner Visualisierung küsste ich den Boden.

Sie müssen keinen Marathon laufen. Was ich Ihnen mit meiner Geschichte zeigen will, ist, dass wir uns die Grenzen selbst stecken, und zwar zwischen dem rechten und dem linken Ohr. In unserem Kopf! Mein fantastisches Laufergebnis war nur möglich, weil ich ein klares Ziel vor Augen hatte (ich wollte laufen und gewinnen) und zum anderen alle »Körperteile« einsetzte. Zum Laufen brauchte ich die Beine, zum Gewinnen den Kopf. Dadurch, dass ich mir in meinem »Kopfkino« klar vorstellte, wie es sein würde, wenn ich durchs Ziel laufe, habe ich das Ergebnis quasi vorweggenommen und damit mein Unterbewusstsein beeinflusst. Das Unterbewusstsein ist nämlich nicht in der Lage, zwischen Realität und Vorstellung zu unterscheiden. Alles, was Sie für möglich halten, ist für das Unterbewusstsein Realität. Es wird daher daran arbeiten, Ihre Vorstellung in die Realität umzusetzen. Sieg oder Niederlage werden im Kopf entschieden. Wenn auch Sie einen Marathon laufen möchten, müssen Sie neben dem körperlichen Training dieses Ereignis auch in Ihrem Kopf trainieren. Vor Ihrem geistigen Auge müssen Sie immer wieder das gleiche Bild haben: wie Sie die Zielgerade überwinden und die Hände zum Jubeln in die Höhe reißen. Sie müssen mit jeder Zelle Ihres Körpers das Erlebnis spüren. Sie müssen das Gefühl des Sieges in sich tragen. Sie müssen »hören«, wie die Zuschauer begeistert Ihren Namen rufen. Sie müssen die kalte Champagnerdusche auf Ihrer Haut spüren. Dann werden Sie Ihren Erfolg auch feiern können. Hierzu gab es in den 80er-Jahren ein sehr interessantes und eindrucksvolles Forschungsprojekt. Studenten, die allesamt gute

Basketballspieler waren, wurden in drei Gruppen eingeteilt. Die erste Gruppe trainierte wie gewohnt. Die zweite Gruppe absolvierte täglich ein mentales Training sowie ein halbstündiges Zusatztraining im gezielten Körbewerfen. Die dritte Gruppe übte das Körbewerfen nur in ihrer Vorstellung. Nach einem Monat traten alle drei Gruppen an zum Körbewerfen. Das Ergebnis war verblüffend: Die erste Gruppe hatte sich nicht verbessert. Die zweite Gruppe traf 25 Prozent mehr Körbe als vorher. Die dritte Gruppe, die Studenten, die das Körbewerfen nur im Kopf trainiert hatten, traf 23 Prozent öfter den Korb als vorher. Sie verbesserte sich damit fast genauso stark wie die zweite Gruppe, die zusätzlich ein intensives Praxistraining absolviert hatte. Damit wurde bewiesen, dass die gedankliche Vorwegnahme eines Ereignisses den gleichen Effekt hat wie die Ausführung desselben.

Diese Erkenntnis ist bahnbrechend und zeigt, wie wichtig eine klare Vorstellung von Ihren Zielen ist. Was immer Sie erreichen wollen, konzentrieren Sie sich zunächst auf ein Ziel. Dieses Ziel und die damit verbundenen Ereignisse lassen Sie nun, sooft es geht, in Ihrem Kopfkino ablaufen. Je öfter, desto schneller werden Sie die Ergebnisse erreichen. Stellen Sie sich einfach eine Leinwand in einem großen Kinosaal vor. Sie nehmen in einem großen roten Stuhl Platz, schauen auf die weiße Leinwand und lassen Ihren ganz persönlichen Film mit Ihren Zielen ablaufen. Das wiederholen Sie so oft wie möglich und Sie werden schon bald alles erreichen. Seien Sie mit all Ihren Sinnen und Emotionen bei der Sache. Spüren Sie das Kribbeln auf Ihrer Haut, genauso wie das »Jucken« in den Fingern. Je intensiver Sie Ihre Gefühle einbringen, desto schneller wird sich das gewünschte Ergebnis in Ihrer Außenwelt manifestieren. Das ist ganz allein Ihr Verdienst.

Punktgenau

Nehme ich mir jeden Tag eine Auszeit, um in meinem Kopfkino meine Ziele auszuleben?

PAULS MOTIVATIONSTIPP:

DER GEIST, EINMAL DURCH EINE NEUE IDEE WEIT GEWORDEN, SCHRUMPFT NIE WIEDER AUF SEINE URSPRÜNGLICHE GRÖSSE.

Oliver Wendell Holmes

8.05 Pauls Pate

»Mal verliert man, mal gewinnen die anderen«, sagte der fast schon legendäre Fußballtrainer Otto Rehhagel, der z. B. die griechische Fußballmannschaft, die während der Europameisterschaft 2004 als Außenseiter startete, zur Meisterschaft führte. Das zeigt, zu welchen Leistungen ein Team fähig ist, wenn gemeinsam an einem Strang gezogen wird. Für sich genommen weiß jeder Fußballer, dass nur Tore wichtig sind. Nur sie bringen Punkte und damit Geld. Je höher der Verein in der Tabelle aufsteigt, desto sicherer sind die begehrten UEFA-Cup-Plätze oder sogar die Champions League, die im Falle eines Gewinns Millionen Euro in die Vereinskasse spülen. Also werden sie alles daransetzen, so perfekt zu spielen, dass am Ende möglichst viele Tore gezählt werden. Weil aber nun jeder Spieler dieses Ziel vor Augen hat, könnte es auf dem Rasen sehr schnell zu größeren Problemen kommen. Alles würde unkontrolliert auf das gegnerische Tor rennen, während der eigene Torwart ungeschützt im eigenen Tor steht. Um das zu verhindern, braucht es jemanden, der die Mannschaft steuert, kontrolliert und zum sicheren Ziel führt. Das ist der Coach, der Trainer einer Fußballmannschaft. Seine Aufgabe besteht neben dem Führen einer Mannschaft darin, diese zusammenzuhalten und geschlossen zum Ziel zu führen, ohne dass der einzelne Spieler überfordert bzw. unterfordert wird. Ein Coach wacht quasi von außen über seine Schützlinge.

Vertrag mit mir selbst

Hiermit treffe ich folgende Vereinbarung:

Ich, ______________________________

führe die unten aufgeführten Handlungsabsichten termingerecht aus.

Was ist mein Ziel? ______________________________

Was tue ich konkret? ***Beginn*** ***Ende***

Falls nicht, werde ich dafür Folgendes tun:

Eine Kopie erhält mein »Ziel-Pate«, um mich dabei zu unterstützen. Mein „Ziel-Pate" ist: ______________________________

Ort, Datum ***Unterschrift***

Von erfolgreichen Menschen lernen heißt siegen lernen. *Was sich in der Welt des Fußballs bewährt hat, wird bei jedem Einzelnen funktionieren. Sie haben bis hierher gelernt, welche Schritte erforderlich sind, um noch erfolgreicher zu werden. Sich Ziele zu setzen ist eine Sache, anzukommen eine andere. Leider muss ich teilweise beobachten, dass es bei vielen nur bei Lippenbekenntnissen bleibt. Sie wollen alles und schaffen doch gar nichts. Wichtig ist zunächst, ein Ziel anzusteuern. Wenn Sie dann noch jemanden zur Seite haben, einen Coach, einen Paten, der Sie unterstützt, ist die Chance, das Leben nachhaltig zu verändern, am größten. Einen solchen Coach suchen Sie am besten in Ihrem näheren Umfeld. Es kann der Arbeits- oder Geschäftskollege sein, der Freund, die Freundin, der Partner, die Ehefrau etc. So Sie den Paten gefunden haben, setzen Sie sich mit ihm zusammen und klären ihn über Ihre Ziele auf. Das ist wichtig. Nur wenn er genau weiß, was Sie wollen, kann er Sie auf diesem Weg bestmöglich unterstützen. Wischiwaschi-Erklärungen wie »Ich will mehr Geld verdienen« oder »Ich will erfolgreich sein« oder »Ich will dünner werden« etc. sind allerdings nicht geeignet. Hier fehlt es an einer klaren, positiven Formulierung. Wer seine Ziele nur schwammig formuliert, kann auch nur schwammige Ergebnisse bekommen. Ihr Pate will genau wissen, was Sie wollen, erst dann ist er auch in der Lage, sich auf Ihre Ziele einzustellen. Am besten formulieren Sie Ihre Ziele und Absichten in einer Art Vertrag. Davon übergeben Sie eine Kopie an Ihren Paten.*

Es ist wichtig, alle Ziele und Handlungen dem Paten offenzulegen und nichts zu verheimlichen. Es geht um Sie. Sie betrügen sich selbst, wenn Sie Ihrem Paten etwas verheimlichen. Wichtig ist nun, sich in regelmäßigen Abständen zu Gesprächen zu treffen, damit Sie und Ihr Pate einen Soll-Ist-Abgleich durchführen. Es macht Sinn, hier eine Art Belohnungs- und Schmerzsystem einzufügen. Wobei Schmerz natürlich nur sinnbildlich zu verstehen ist. Ihr Pate ist Ihr Partner und kein Sadist. Im Leben gibt es mit Sicherheit Dinge, die Sie nicht gerne tun. Vielleicht gehen Sie nicht gern in die Sauna. Schon der Gedanke an die Hitze treibt Ihnen die Schweißperlen auf die Stirn. Sowie Ihr Pate feststellt, dass Sie Ihren Vertrag nicht eingehalten haben, könnte er Sie als schmerzhafte Belehrung für einen Saunagang abkommandieren. Sie werden dort die Zeit haben, über Ihre Versäumnisse nachzudenken. Ich wünsche Ihnen, dass Ihr Pate natürlich mehr Belohnungen und weniger Schmerzrezepte verabreichen muss.

Punktgenau

Welchen Paten werde ich für mein Projekt nominieren?

PAULS MOTIVATIONSTIPP:

ES GIBT NUR EINEN WEG, FREUNDE ZU GEWINNEN. SELBST EINER ZU SEIN.

Ralph Waldo Emerson

8.06 Die Verträge sind geschlossen

»Pacta sunt servanda« – Verträge müssen eingehalten werden, mahnten schon die Römer. Sie haben sich entschlossen, einen Vertrag mit sich selbst zu unterschreiben. Herzlichen Glückwunsch zu dieser einmaligen Entscheidung. Mit diesem Schritt haben Sie Ihre Gedanken und damit Ihre Träume und Wünsche zu Papier gebracht und eigenhändig mit Ihrem Namen unterschrieben. Damit haben Sie Ihre Ziele buchstäblich ins Unterbewusstsein einzementiert. Die gewünschten Ergebnisse werden somit nicht lange auf sich warten lassen.

Zwei Freunde wanderten durch die Wüste. Über ein Thema waren sie so unterschiedlicher Meinung, dass es zu einem heftigen Streit kam. Im Affekt schlug der eine dem anderen ins Gesicht. Dieser wehrte sich nicht. Ohne ein Wort zu sagen, kniete er nieder und schrieb mit dem Finger folgende Worte in den Wüstensand: »Mein bester Freund hat mich heute ins Gesicht geschlagen.« Der Freund errötete, dennoch setzten sie ihre Wanderung fort. Nach Stunden sprachen sie wieder miteinander, der Streit war vergessen. Sie erreichten eine Oase und beschlossen, den Sand von ihrer Haut zu waschen. Nackt, wie Gott sie schuf, sprangen sie in das warme Wasser. Auf einmal schrie der Freund, der geschlagen worden war, aus Leibeskräften. Er hatte einen Krampf im Bein und drohte unterzugehen. Sein Freund erkannte blitzartig die Gefahr, schwamm zu ihm und rettete ihn kurz vor dem Untergang. Sie schwammen ans Ufer und blieben lange Zeit liegen, um sich vom Schock zu erholen. Später tranken sie heißen Tee, während der Gerettete einen spitzen Stein nahm. Dann suchte er einen noch größeren Stein, um darin mit dem spitzen Stein folgende Nachricht einzuritzen: »Mein bester Freund hat mir heute das Leben gerettet.« Der Freund war gerührt, wollte aber wissen, warum sein Freund am Morgen eine Nachricht in den Sand geschrieben hatte und sich nun die Mühe machte, eine weitere Nachricht zu schreiben, diesmal in einen harten Stein. Der Gerettete antwortete: »Wenn uns jemand gekränkt oder beleidigt hat, sollten wir es in den Sand schreiben, damit der Wind des Verzeihens und Vergessens es wieder auslöschen kann. Aber wenn jemand etwas tut, was für uns gut ist, dann können wir das in einen Stein ‚schreiben', damit kein Wind es jemals löschen kann.« So verhält es sich auch mit Ihrem Vertrag. Das Papier mit Ihrem Namen ist vergleichbar dem Stein mit der eingeritzten Botschaft.

Punktgenau

Welche Überzeugungen meißle ich in einen Stein?

PAULS MOTIVATIONSTIPP:

WER WEISS, WELCHE ROLLE ER IM LEBEN ANDERER SPIELT, BRAUCHT IHNEN NICHTS MEHR VORZUSPIELEN.

Ernst Ferstl

KAPITEL 9

KOMMUNIKATION IM ALLTAG

Jeder Mensch hat seine eigene Sprache.
Sprache ist Ausdruck des Geistes.

Novalis

9.01 Warum Freundschaften so wichtig sind

Leben heißt für mich noch immer Bewegung, Dynamik und Vertrauen. Niemand weiß, was in der nächsten Sekunde passiert, deshalb ist Vertrauen so wichtig. Ich muss Vertrauen haben in das Leben, sonst wird es unerträglich. Leben kann man immer nur jetzt, in diesem Augenblick. Ich weiß nicht, was in der nächsten Sekunde auf mich zukommt, und das ist vielleicht auch gut so. Vertrauen heißt, dass man sich traut, sein Leben zu leben, aber auch, dem Leben zu trauen, dass das, was auf einen zukommt, immer mit den besten Absichten geschieht. Dabei habe ich die Erfahrung gemacht, dass sich die Widrigkeiten des Lebens leichter ertragen lassen, wenn man Freunde hat, auf die man sich verlassen kann.

Herbert Grönemeyer wiederholt in seinem Lied »Mensch« öfter »... du fehlst«. Wir alle kennen die dahinter stehende traurige Geschichte um seine Frau. Das Lied ist trotz allem wunderbar, weil es zeigt, wie wichtig es ist, einen liebevollen Menschen zu »besitzen«. Ich bin der Meinung, man kann seinem Partner und seinen Freunden gar nicht oft genug sagen, wie wichtig sie sind und dass man sie braucht. Damit wir uns richtig verstehen: Einen Partner brauchen heißt, mit ihm eins zu sein, ihm voll und ganz zu vertrauen und für ihn da zu sein, wenn er Sie braucht, denn dann wissen Sie, dass er auch für Sie da ist, wenn Sie ihn brauchen, so wie die Menschen aus einer russischen Erzählung:

Ein Rabbi kommt zu Gott und sagt ihm: »Herr, ich möchte die Hölle sehen und auch den Himmel.« Gott spricht zu ihm: »Nimm Elisa als Führer, er wird dir beides zeigen.« Der Prophet nimmt den Rabbi bei der Hand und führt ihn in einen großen Raum. Ringsum sitzen Menschen mit langen Löffeln. In der Mitte, auf einem Feuer kochend, ein Topf mit einem köstlichen Gericht. Alle schöpfen mit ihren langen Löffeln aus dem Topf. Aber die Menschen sehen mager aus, blass, elend. Kein Wunder, ihre Löffel sind zu lang. Sie können sie nicht zum Mund führen. Die beiden gehen hinaus. »Welch seltsamer Raum war das?«, fragt der Rabbi den Propheten. »Die Hölle«, lautet die Antwort. Sie betreten einen zweiten Raum. Alles genau so wie beim ersten. Auch hier sitzen ringsum Menschen mit langen Löffeln. In der Mitte, auf einem Feuer kochend, ein Topf mit einem köstlichen Gericht. Alle schöpfen mit ihren langen Löffeln aus dem Topf. Aber ein Unterschied zum ersten Raum: Die Menschen sehen gesund aus, gut genährt, glücklich. »Wie kommt das?«, will der Rabbi wissen. Als er noch einmal genau hinschaut, erkennt er den Unterschied. Hier schieben sich die Menschen die Löffel gegenseitig in den Mund. Sie geben einander zu essen. Da weiß der Rabbi, wo er ist.

Gute Freundschaften tragen uns in jede gewünschte Richtung, weil alle einander unterstützen, so wie es auch die Gänse tun. Sicher haben Sie schon oft am Himmel den Flug der Gänse bewundert. Sie fliegen in V-Formation südwärts. Die Wissenschaft ging der Frage nach, warum die Gänse so und nicht anders fliegen. Das Ergebnis ist interessant. Mit jedem Flügelschlag schafft jeder Vogel einen Aufwind für den Vogel, der ihm unmittelbar folgt. Durch den Flug in der V-Formation erreicht der ganze Schwarm 70 Prozent mehr an Flugreichweite gegenüber dem, was ein einzelner Vogel fliegen könnte.

Mit Freundschaften verhält es sich ähnlich. Freunde, die in eine Richtung marschieren und den Sinn von Gemeinschaft teilen, erreichen schneller, leichter und sicherer ihre Ziele, weil sie mit der Schubkraft des anderen unterwegs sind.

Punktgenau

Wann habe ich mich bei meinen Freunden bedankt?

PAULS MOTIVATIONSTIPP:

FREUNDE, DIE UNS IN DER NOT NICHT VERLASSEN, SIND ÄUSSERST SELTEN. SEI DU EINER DIESER SELTENEN FREUNDE.

Adolph Freiherr von Knigge

9.02 Was meine Freunde von mir erwarten können

Ich habe lange überlegt, ob ich zu diesem Thema etwas schreiben soll, denn im Grunde genommen lässt es sich auf eine einzige Aussage reduzieren:

Wahrheit

Ich bin Menschen gegenüber immer ehrlich, getreu dem Gesetz: ***wie die Saat, so die Ernte.*** Lüge ich, belügen mich auch andere. Möchte ich also ehrliche Menschen um mich herum, insbesondere ehrliche Geschäftspartner, muss ich selbst ehrlich bleiben. Viele Leser sind über diese Botschaft überrascht. Niemand wird von sich behaupten zu lügen. Damit verhalten sich diese Menschen wie Autofahrer, die man befragt, ob sie sich für gute Autofahrer halten. 90 Prozent der Befragten würden hier mit einem klaren Ja antworten. Wer wie ich viel im Auto unterwegs ist, weiß, dass diese Antwort nicht stimmt. Natürlich behaupte ich nicht, dass meine Leser notorische Lügner sind, doch ob sie immer bei der Wahrheit bleiben, da habe ich so meine Zweifel.

Nehmen wir an, ein guter Freund ruft Sie an und erzählt Ihnen von einer neuen Geschäftsidee. Es handelt sich um Kunststoffschüsseln für den Hausgebrauch. Ihr Freund sprüht vor Begeisterung. Er möchte, dass auch Sie in dieses Geschäft einsteigen. Wie verhalten Sie sich? Bleiben Sie bei der Wahrheit, werden Sie sofort und ohne Umschweife klipp und klar sagen, dass sie gern das eine oder andere Produkt von ihm kaufen würden, aber kein Interesse am Verkauf dieser Produkte haben? Die meisten wollen ihrem lieben Freund nicht wehtun. Schon gar nicht wollen sie ihre Freundschaft wegen einer solchen Geschichte aufs Spiel setzen. Und jetzt fangen die Lügen an. Sie halten ihn hin. Machen ihm falsche Hoffnungen, nach dem Motto: »Ich werde es mir noch einmal überlegen« oder »Ich muss noch ein wenig Geld sparen, danach schaue ich mal weiter«, »Ich habe jetzt keine Zeit«, »Ich brauche noch weitere Informationen« etc. Mit diesen fadenscheinigen Argumenten verschaffen sie sich einen Zeitvorteil, in der Hoffnung, ihr Freund möge diese Angelegenheit vergessen und sie nicht mehr befragen. So wie die Befragten hoffen, ihr Freund möge sein Angebot vergessen, so hofft der Freund darauf, dass seine Freunde eine Entscheidung für sein Geschäft treffen. Anders ausgedrückt: Die Situation lebt von der Hoffnung. Doch beide Seiten fühlen sich nicht wohl. Wäre der Befragte bei der Wahrheit geblieben, hätte er seinem Freund mit einem Satz eine klare Absage erteilt, die mit Sicherheit zu keiner Zeit die Freundschaft gefährdet hätte: »Dein Vertrauen ehrt mich, aber ich möchte diese Art des Verkaufens nicht ausüben. Ich weiß, dass du als mein Freund meine Entscheidung respektieren wirst.«

Weil ich möchte, dass es allen, insbesondere meinen Freunden gut geht, können sie immer eines von mir erwarten: ***die Wahrheit.***

Punktgenau

Bleibe ich immer und überall bei der Wahrheit?

PAULS MOTIVATIONSTIPP:

DER MENSCH KANN DIE WAHRHEIT VERHERRLICHEN, NIE ABER VERHERRLICHT DIE WAHRHEIT DEN MENSCHEN.

Konfuzius

9.03 Das erwarte ich von meinen Freunden

Meine Freunde können von mir erwarten, dass ich ehrlich zu ihnen bin, wie Sie bereits aus dem vorherigen Kapitel wissen. Und was erwarte ich von meinen Freunden?

Nichts!

Wie sollte ich auch? Eine Freundschaft, die von Erwartungen lebt, ist keine Freundschaft. Darüber hinaus habe ich schon recht früh erkannt, dass Menschen sind, wie sie sind. Mir würde es nie in den Sinn kommen, Menschen belehren zu wollen. Aus meinen bisherigen Ausführungen wissen Sie, dass Veränderungen nie von außen kommen, sondern nur von innen. Wenn diese Bereitschaft, sich ändern zu wollen, nicht vorhanden ist, dann beißt man buchstäblich auf Granit. Im Übrigen wäre es doch auch vermessen von mir, anderen meinen Willen aufzwingen zu wollen. Es könnte doch sein, dass mein Freund zu dick ist und ich ihm eine Diät anrate. Mir zuliebe würde er es vielleicht versuchen. Seine Freundin aber ist völlig entsetzt, weil sie ihn gerade wegen seiner Pfunde so mag. Es ist also ein hoffnungsloses Unterfangen, jemanden in die eine oder andere Richtung drängen zu wollen. Insofern nehme ich meine Freunde so, wie sie sind.

Stellen Sie sich bitte einmal eine typische Situation vor. Ein Landwirt, der mit seinem Einkommen gut über die Runden kommt, steht auf dem Acker und bringt die Saat in den Boden. Sein Rücken schmerzt, weil er schon so lange krumm steht. Auf der nahe gelegenen Landstraße fährt ein Bentley vorbei. Der Fahrer, ein Millionär, schaut dem Bauern ins Gesicht und denkt sich: »Der Bauer hat es gut. Den ganzen Tag an der frischen Luft. Er muss sich nicht um Bilanzen und Kunden kümmern. Bringt einfach die Saat in den Boden, wartet ein paar Monate und fährt dann im Herbst die Ernte ein. Die verkauft er an die Genossenschaft und bekommt dafür viel Geld. Ich dagegen muss den ganzen Tag hart schuften, mich mit den Angestellten herumärgern und mit dem Finanzamt. Ach ja, das Landleben ist schön.« Während der Millionär gedankenversunken seine Fahrt fortsetzt, streckt der Bauer den Rücken, schaut dem schönen Wagen hinterher und denkt sich: »Einmal im Leben Millionär sein. Es geschafft haben. Das ist mein Traum. Immer schön warm und trocken sitzen, egal wie draußen das Wetter ist. Jeden Monat ein geregeltes Einkommen und nicht so wie jetzt nur einmal im Herbst kassieren. Dann könnte ich mir auch die schönsten Autos leisten und müsste sonntags nicht mit dem uralten Diesel in die Kirche fahren. Ach ja, das Leben als Millionär ist schon schön.«

Zufriedenheit mit dem, was ist, das ist die zentrale Botschaft aus diesem Kapitel. Doch stattdessen schauen wir immer nur auf die anderen und stellen fest, was uns fehlt. Statt uns auf das zu konzentrieren, was wir haben, richten wir den Blick in Richtung Mangel und ärgern uns den lieben langen Tag über die fehlenden Dinge. Dieser Zustand macht unglücklich und krank. Wer aber will schon krank werden? Ich nicht. Deshalb nehme ich meine Freunde, wie sie sind. Ich freue mich, dass es sie gibt.

Nur in einem Punkt lasse ich mich aus der Reserve locken, nämlich dann, wenn meine Freunde einen Rat von mir haben möchten. Wenn ich dazu etwas sagen kann, werde ich es tun. Sollten sie mich z. B. danach fragen, ob das, was sie heute Abend zum Festbankett anziehen werden, gut aussieht, bleibe ich meinem Grundsatz, immer nur die Wahrheit zu sagen, treu. Gleichgültig, ob es ihnen gefällt oder nicht. Wer mich fragt, bekommt immer eine ehrliche Antwort.

Punktgenau

Bin ich für meine Freunde jederzeit erreichbar?

PAULS MOTIVATIONSTIPP:

FREUNDE GEWINNST DU NICHT, DU ERKENNST SIE.

9.04 Mein innerer Dialog

Jeder Mensch hat so etwas wie eine innere Stimme, über die er tausendfach kommuniziert. Nicht immer aber kann sich das Ergebnis sehen lassen. Oft ist die innere Stimme auch unser Ausbremser, der uns davon abhält, etwas Neues auszuprobieren. Stellen Sie sich bitte vor, ich würde Sie bitten, auf einem 20 Zentimeter breiten und fünf Meter langen Balken zu balancieren. Dieser Balken liegt auf dem Fußboden. Glauben Sie, dass Sie es schaffen? Ich bin mir sicher, dass Sie keine Probleme haben, darauf zu balancieren. Jetzt legen wir die Messlatte, sorry, den Balken, ein wenig höher. Dazu nehmen wir zwei Stühle, an jeder Seite einen, und legen den Balken dazwischen. Jetzt sollen Sie ein weiteres Mal über diesen Balken balancieren. Mit ein wenig Übung werden Sie auch diese Herausforderung meistern. Da bin ich mir sicher. Jetzt starten wir den dritten und letzten Versuch. Wir legen den Balken zwischen zwei Hochhäuser in 100 Meter Höhe und wieder sollen Sie darüberbalancieren. Jetzt habe ich die größten Zweifel, ob Sie diese Übung auch meistern. In allen drei Übungen wird ein und derselbe Balken verwendet. Lediglich die Höhe hat sich verändert. In zwei von drei Übungen haben Sie unter Beweis gestellt, dass Sie in der Lage sind, problemlos über den Balken zu gehen. Doch weder dieses Wissen noch die Routine geben Ihnen die Sicherheit, es bei der dritten Übung noch einmal zu versuchen. Warum ist das so? Weil Ihre innere Stimme Ihnen suggeriert, dass Sie diese Balance nicht gewinnen können ohne Netz, Seil und Geländer.

Der amerikanische Philosoph Ralph Waldo Emerson sagte: ***»Unser Wissen besteht aus den angesammelten Gedanken und Erfahrungen unzähliger Geister.«*** Insofern ist es also kein Wunder, wenn sich Ihre innere Stimme meldet und warnt: »He, Junge, über einen auf dem Boden liegenden Balken magst du gerade noch gehen können, nie aber über einen in 100 Meter Höhe.« Da mag diese Stimme recht haben. Im Übrigen ist es albern, sich in Gefahr zu bringen, bloß um anderen zu beweisen, dass man über einen solchen Balken balancieren kann. Dennoch ist klar, worum es hier geht: Obwohl wir wissen, dass wir durchaus in der Lage sind, Dinge zu tun, meldet sich unsere innere Stimme und hält uns nicht selten von vielen Chancen zurück. Sie können dieses Experiment auf alles übertragen. Die innere Stimme, unser treuer Freund und guter BeRATER, wird in solchen Momenten zur Belastung. Es ist wichtig, dass Sie Ihre innere Stimme als das sehen, was sie ist: ein Wegbegleiter, der Sie zum Nachdenken anregen soll. Die Bewertung indes sollten Sie selbst treffen.

Punktgenau

Was will mir meine innere Stimme sagen?

PAULS MOTIVATIONSTIPP:

GEDANKEN WOLLEN OFT – WIE KINDER UND HUNDE –, DASS MAN MIT IHNEN IM FREIEN SPAZIEREN GEHT.

Christian Morgenstern

9.05 Autosuggestion

Richtig eingesetzt, kann die innere Stimme Ihr Leben nachhaltig verändern. Vor mehr als 120 Jahren machte der französische Apotheker Émile Coué hierzu eine interessante Entdeckung. Es trug sich zu, dass ein Kunde zu ihm in die Apotheke kam und nach einem Medikament verlangte, für das man ein Rezept benötigte. Da der Patient keines vorlegen konnte und dennoch darauf bestand, das Medikament zu bekommen, griff Coué zu einer List. Er übergab dem Patienten ein Medikament, das angeblich die gleiche Wirkung haben sollte wie das verlangte. Es handelte sich dabei aber um gepressten Zucker, was der Apotheker dem Patienten nicht sagte. Zufrieden zog der Patient von dannen. Einige Tage später kam er zurück und erzählte dem Apotheker von seiner Heilung durch das »Medikament«. Davon wollte er jetzt noch mehr, um für alle Eventualitäten gerüstet zu sein. Coué erkannte sofort, dass die Einbildung, also die Vorstellung (der Glaube), den Mann geheilt hatte und nicht der Zucker.

Daraus schlussfolgerte er Folgendes: Wenn Worte einen Kranken heilen können, dann müssten doch auch Worte ein »krankes Unterbewusstsein« heilen können. Gesagt, getan. Coué empfahl einigen anderen kranken Patienten, mindestens 20-mal am Tag folgenden Satz laut zu wiederholen:

Es geht mir mit jedem Tag und in jeder Hinsicht immer besser, besser und besser.

Je öfter die Wiederholung, desto besser das Ergebnis. Wer über den gesamten Tag ständig seine »Erfolgsformel« wiederholt, ist auf dem besten Weg. Nutzen Sie die Kraft Ihrer Stimme.

»Stellen Sie sich vor, Sie müssten jeden Tag mehr als eine Million Stufen hochsteigen. So viele Schwingungen vollführen unsere Stimmbänder täglich«, sagt der Phonetiker John Wells.[17] Die menschliche Stimme ist ein Wunderwerk der Natur, einzigartig. Keine gleicht der anderen. Sie ist so einmalig wie unser Fingerabdruck, aber wesentlich kraftvoller, und diese Kraft können Sie für Ihre ganz persönlichen Erfolgsbotschaften nutzen.

Punktgenau

Meine persönliche Autosuggestionsformel lautet:

....

....

PAULS MOTIVATIONSTIPP:

DAS GEWISSEN IST DIE STIMME DER SEELE; DIE LEIDENSCHAFTEN SIND DIE STIMME DES KÖRPERS.

Jean-Jacques Rousseau

KAPITEL 10

IN DER KOMFORTZONE LÄSST ES SICH KOMFORTABEL LEBEN

Furcht gibt Sicherheit.

William Shakespeare

10.01 Die Komfortzone

»... Nimm gleich den von nebenan, denn der ist bei der Bundesbahn ... Da hast du doch deine Sicherheit. Denk doch mal an die schöne Pension bei der Bundesbahn ...«, heißt es in dem Lied »Ich will einen Cowboy als Mann« der Sängerin Gitte. Selbst in der Musik, die uns Menschen von den Sorgen des Alltags ein wenig ablenken sollte, findet sich der Wunsch nach Sicherheit. Diese Sicherheit ist vielen heilig. Deshalb bewegen wir uns meistens – und viele Menschen ein Leben lang – nur in unserer sogenannten Komfortzone. Diese Zone umgibt uns wie ein Käfig. Hier fühlen wir uns wohl, geborgen und vor allen Dingen sicher. Denn wir glauben, hier die Lebensumstände zu kennen. So wissen wir, wie unser Leben funktioniert. Wir haben auf alle Fragen eine Antwort. Fragen nach dem Warum, Wozu, Wieso, Wo, Wann, Wie, Was etc. können so einfach beantwortet werden. Was so paradiesisch klingt, hat einen gewaltigen Haken. Es findet so kein persönliches Wachstum statt. Alles in der Welt ist auf Wachstum ausgelegt. Die Natur genauso wie die Wirtschaft. Wir Menschen hören ab einem bestimmten Alter auf, körperlich zu wachsen, nicht aber unser Wissen. Das gesamte menschliche Wissen verdoppelt sich alle fünf bis sieben Jahre. Um den Anschluss an diese Entwicklung nicht zu verpassen, ist es wichtig, ständig die Komfortzone zu erweitern. Wissen ist noch immer die einzige Ressource, die sich bei Gebrauch vermehrt! Wer nicht bereit ist, sein Wissen zu erweitern, wird buchstäblich »dumm sterben«. Schon Wilhelm Busch mahnte: ***»Also lautet der Beschluss, dass der Mensch was lernen muss.«*** Man kann nur persönlich wachsen, erfolgreicher werden und selbstbewusster, wenn man bereit ist, den berühmt-berüchtigten Blick über den Tellerrand zu wagen. Das kostet allerdings nicht nur viel Kraft, es ist überdies auch noch sehr schmerzhaft. Neues zu wagen und Altes hinter sich zu lassen, das ist alles andere als einfach. Diese Erfahrung musste auch ein Bär aus dem Zirkus machen.

Ein Bär wurde im Zirkus geboren. Seine Eltern kamen aus Kanada und waren eigens für den Zirkus gefangen worden. Sie erzählten ihrem »Sohn« von diesem wunderbaren weiten Land mit den großen schneebedeckten Bergen. Sie hatten leider nie wieder Gelegenheit, dieses Panorama zu erleben, denn sie starben in der Gefangenschaft. Der kleine Bär wuchs zu einem stattlichen Bären heran. Damit von ihm keine Gefahr ausging, wurde er an eine zehn Meter lange Kette gelegt. Abends, wenn er zur Vorstellung in die Manege marschierte, bewegte er sich ebenfalls in einem Radius von zehn Metern. So ging es ein Leben lang. Eines Tages kam der Zirkusdirektor zu ihm und schenkte ihm die Freiheit als Dankeschön für all die erfolgreichen Jahre der Zusammenarbeit. Der Bär hatte nur einen Wunsch: Er wollte nach Kanada, in die Heimat seiner Eltern, das er nur vom Hörensagen kannte. Der Direktor erfüllte ihm diesen Wunsch. Der Bär wurde in ein Flugzeug verladen und nach etlichen Flugstunden erreichte die Maschine Kanada. Am Flughafen angekommen, wurde er sofort in einen bereitstehenden Lastwagen verfrachtet. Es war noch ein weiter Weg bis in die von ihm so sehnsüchtig erwarteten schneebedeckten Berge. Auf der langen Fahrt schaute der Bär immer wieder durch einen kleinen Schlitz nach draußen, bis er plötzlich die schneebedeckten Berge entdeckte. Als der Lastwagen anhielt und sich nach langer Fahrt endlich die Ladeluke öffnete, schritt der Bär stolz und mächtig heraus. Sein Traum war in Erfüllung gegangen. Der Bär schrie: »Freiheit! Freiheit!« Er schritt die Laderampe herunter und entfernte sich langsam vom Lastwagen. Er ging einen Meter, dann zwei, drei, vier … Nach zehn Metern blieb er stehen und ging wieder zurück. Ein Leben lang hatte er sich in einem Radius von zehn Metern bewegt. Nun, in der Freiheit, stand ihm die weite Welt offen, doch er hatte nie gelernt, sich mehr als zehn Meter vor und zurück zu bewegen.

Punktgenau

Ich bin bereit, meine innere Komfortzone zu verlassen. Was werde ich konkret tun, um in meine Wachstumsphase zu gelangen?

PAULS MOTIVATIONSTIPP:

ZWEI DINGE VERLEIHEN DER SEELE AM MEISTEN KRAFT: VERTRAUEN AUF DIE WAHRHEIT UND VERTRAUEN AUF SICH SELBST.

Seneca

10.02 Die Wachstumszone

Gewohnheiten und Programme bestimmen unsere Komfortzone, in der wir uns sicher fühlen. Das heißt aber nicht, dass wir uns damit auch wohlfühlen. Diese Sicherheit wird letztlich dadurch bestimmt, was uns vertraut ist und was wir gewohnt sind. So wissen Arbeitnehmer, wie viel Geld sie im Monat verdienen. Damit haben sie eine verlässliche Größe, mit der sie rechnen können. Das schafft Sicherheit. Es sagt aber nichts darüber aus, ob dieses Geld reicht, alle Wünsche zu befriedigen. Mit einer anderen Arbeit oder mit einem Zusatzverdienst könnten ebendiese Wünsche befriedigt werden. Dazu ist es allerdings erforderlich, die Komfortzone zu verlassen. Die Erfolge liegen außerhalb dieser Zone, in der sogenannten Wachstumszone. In der Komfortzone zu verharren heißt immer auch die Zukunft aufs Spiel zu setzen. Herausforderungen sind nur zu meistern durch Vertrauen in sich selbst. Man muss sich buchstäblich etwas trauen, um sein Leben positiv zu verändern.

Damit Sie mich richtig verstehen: Die Komfortzone hat natürlich auch Vorteile. Aus unserem Verhalten entwickelt sich eine Routine, die es uns gestattet, ohne großes Nachdenken Dinge schnell abzuwickeln. Wir entlasten dadurch

Komfort- und Wachstumszone

unseren Kopf, den wir dann wieder für andere Dinge frei haben. Ohne diese Routine würden wir den Alltag nicht mehr meistern können. Allerdings birgt die Routine die Gefahr in sich, dass wir mitunter gar nicht mehr wissen, was wir tun. Wer weiß schon, in welcher Richtung er zuerst den Schnürsenkel umschlagen muss, um seine Schuhe zu schnüren? Wissen Sie, ohne nachzudenken, wie Sie Messer und Gabel halten? Sie wissen es ganz bestimmt, wenn Sie es tun. Sie greifen routiniert zum Besteck, sobald das Essen auf dem Tisch steht. Keine Sekunde werden Sie daran zweifeln, das Richtige zu tun.

Die meisten Arbeitsunfälle passieren deshalb nicht durch Unwissenheit, sondern durch Routine. Viele Betroffene gaben später zu Protokoll, dass sie die erforderlichen Handlungen über Jahre vollzogen hatten, ohne noch nachdenken zu müssen. Sie haben sich anderen Gedanken hingegeben und darüber die »routinierten« Arbeitsschritte vergessen. Mit unserer Einstellung zum Leben verhält es sich ähnlich. Statt darüber nachzudenken, ob das Leben noch weitere interessante Herausforderungen parat hat, halten viele an ihrem altbekannten Leben fest, auch wenn sie es sich schönreden müssen. Das dadurch entstehende Desinteresse führt zwangsläufig in eine Schieflage. Routiniert wird der Alltag bewältigt, ohne Höhen und Tiefen. Die Lebensfreude bleibt immer öfter auf der Strecke. Wie sieht es bei Ihnen aus? Entdecken Sie Parallelen zu Ihrem Leben oder haben Sie Ihre Komfortzone bereits verlassen, um zu neuen Ufern aufzubrechen? Die nachfolgenden Fragen helfen Ihnen, Ihre Ist-Situation realistisch einzuschätzen:

- ✓ Sind Sie rundum zufrieden oder spielen Sie nach außen nur den zufriedenen Menschen?
- ✓ Können Sie sich jeden Tag neu erfreuen oder hindert Sie etwas daran?
- ✓ Sind Sie noch begeisterungsfähig?
- ✓ Sind Sie glücklich?
- ✓ Ist Ihr Einkommen in Ordnung?
- ✓ Freuen Sie sich jeden Morgen auf den neuen Tag?
- ✓ Erfreuen Sie sich an Ihrem Lebenspartner?

Reizt es Sie, Neues zu entdecken, oder sind Sie mit Ihrem Leben so, wie es derzeit verläuft, zufrieden? Stillstand ist Rückschritt. Leben bedeutet Veränderung und die Bereitschaft, Neues zu wagen. Gehen Sie den ersten Schritt.

Punktgenau

Was erwartet mich Positives, wenn ich etwas Neues wage?

PAULS MOTIVATIONSTIPP:

DIE IRONIE DES LEBENS BESTEHT DARIN, DASS ES VORWÄRTS GELEBT UND RÜCKWÄRTS ERST VERSTANDEN WIRD.

Sören Kierkegaard

10.03 Das ist meine Komfortzone

95 Prozent unseres Verhaltens bestehen aus Gewohnheiten und Programmen. Viele sind sehr nützlich und hilfreich, weil sie uns helfen, den Alltag leichter zu meistern. Andere hindern uns daran, uns weiterzuentwickeln. Schlimmer noch, sie pressen uns in eine Art Schablone, die vorgibt, wie wir uns innerhalb der Gesellschaft zu verhalten haben. Das nimmt in der immer größer werdenden europäischen Gemeinschaft schon groteske Züge an. Völ-

lig legal und von den Staaten aufgrund der damit verbundenen Steuereinnahmen gewünscht, dürfen Zigaretten produziert und verkauft werden. Die aber, die von dieser »Freiheit« Gebrauch machen, werden mit immer mehr Verboten in die Schranken gewiesen. Nicht nur, dass man das Rauchen quasi aus dem öffentlichen Leben verbannen will, jetzt fordern Politiker sogar schon ein Rauchverbot in Autos. Wäre es nicht einfacher, die Produktion der Zigaretten ganz zu verbieten, als permanent neue Gesetze gegen das Rauchen zu verabschieden? Aber so ist es: Ein Leben lang werden wir von anderen Menschen beeinflusst, mehr unbewusst als bewusst, und genau hier liegt das Problem. Nur weil alle Menschen etwas so und nicht anders machen, muss es nicht zwangsläufig richtig sein.

Die Mathematik hat sich darauf verständigt, dass eins und eins zwei ergibt. Diese Rechnung vereinfacht das Zusammenleben kolossal. Allerdings verleitet sie uns auch dazu, vieles als endgültig und unverrückbar hinzunehmen. Nur weil sich vor langer Zeit Menschen auf diese »Formel« geeinigt haben, heißt es noch lange nicht, dass sie auch richtig ist. Immer öfter decken Wissenschaftler »ihre« Irrtümer auf.

So musste auch ich unzählige Male als Kind den grässlichen Spinat fast schon hinunterwürgen, weil es landauf, landab hieß, Spinat sei eine der gesündesten Gemüsearten überhaupt. Schließlich sollte Spinat zehnmal mehr Eisen enthalten als jedes andere Gemüse. Ein Irrtum, wie wir heute wissen. Im Jahre 1890 untersuchte der Baseler Forscher Gustav von Bunge den Spinat. Seine Analysen ergaben, dass 100 Gramm Spinat etwa 35 Milligramm Eisen enthalten. Das war in der Tat ein sehr hoher Wert. Bedenkenlos übernahm die Fachwelt dieses Forschungsergebnis, sehr zum Leidwesen ganzer Generationen heranwachsender Kinder.

Später stellte sich heraus, dass der Schweizer Forscher getrockneten und pulverisierten Spinat untersucht hatte. Frischer Spinat besteht zu 90 Prozent aus Wasser. Deshalb enthalten 100 Gramm davon nur etwa 3,5 Milligramm Eisen. Es dauerte 40 Jahre, um diesen Irrtum aufzuklären. Doch in den Köpfen der Menschen ist die neue Erkenntnis offensichtlich noch nicht angekommen.

Noch immer glauben die meisten, Spinat sei eisenhaltiger als alle anderen Gemüsesorten. Warum die Menschen sich so und nicht anders verhalten, konnten Forscher in einem sehr interessanten Versuch nachweisen:
In einem Raum befinden sich vier Affen einer Sippe. Der Raum enthält einige Kletterstangen und Gegenstände zum Spielen. In der Mitte des Raums befindet sich eine lange Stange, die vom Boden bis zur Decke reicht. An der Decke hängt eine Bananenstaude, dahinter versteckt und für die Affen nicht einsehbar ist ein Duschkopf installiert. Sobald die Affen sich der Staude nähern, spritzt daraus kaltes Wasser. Als der erste Affe die Bananen entdeckt, klettert er die Stange hinauf. Oben angekommen, wird ihm eine kalte Dusche verpasst. Schreiend flüchtet er zurück auf den Boden. Diese Erfahrung bleibt auch den anderen Affen nicht erspart. Am Ende geben sie alle auf. Danach entfernen die Wissenschaftler den Duschkopf, doch kein Affe versucht es erneut. Die Angst, vom Wasser getroffen zu werden, sitzt tief. Der Versuchsleiter tauscht daraufhin einen Affen gegen einen aus einem anderen Käfig aus. Als der Neuzugang die Bananen entdeckt, will er die Stange hochklettern. Die anderen Affen aber hindern ihn daran. Noch ehe er die Bananen erreicht, haben ihn die anderen von der Stange gerissen.

Die Tatsache, dass es keine kalte Dusche mehr gibt, macht den Versuch aus Sicht der Forscher besonders interessant. Aus der Sicht der Affen ist das Verhalten vollkommen schlüssig. Anders ausgedrückt: Der Neuzugang lernt, dass es besser ist, auf die Erfahrung der Artgenossen zu vertrauen. Das Experiment geht weiter. Sukzessive werden die anderen Affen gegen ihre Freunde von draußen ausgetauscht. Sie alle lernen von den »erfahrenen« Affen. Am Ende gibt es nur noch Affen der zweiten Generation. Kein Affe der zweiten Generation wagt den Schritt auf die Stange, obwohl keiner von ihnen je Wasser vom Duschstrahl abbekommen hat und quasi nur vom Hörensagen um diesen Effekt weiß.

Ich möchte keinesfalls die Menschen Ihrer Umgebung als Affen bezeichnen, aber dennoch ist der Vergleich gestattet. Jeder Mensch kommt ohne vorprogrammiertes Verhaltensmuster auf die Welt. Man lernt durch andere. Nicht selten nimmt man deshalb deren Verhaltensmuster bedenkenlos an. Bitte überlegen Sie, durch welche Menschen Sie beeinflusst wurden. Stehen Sie zu diesen Überzeugungen oder haben Sie eine eigene Meinung?

Von wem haben Sie Glaubenssätze übernommen:

- ✓ von Ihren Eltern?
- ✓ von Ihren Großeltern?
- ✓ von Ihren Lehrern?
- ✓ von Ihren Vorgesetzten?
- ✓ von Ihren Arbeitskollegen?
- ✓ von Ihren Freunden und Bekannten?
- ✓ von Ihrem Lebenspartner?

Punktgenau

Welche Glaubenssätze werde ich gegen meine eigenen Überzeugungen austauschen?

PAULS MOTIVATIONSTIPP:

DAS GEHEIMNIS DES KÖNNENS LIEGT IM WOLLEN.

10.04 So erweitere ich meine Komfortzone

Sicher kennen Sie den amerikanischen Bestseller »Denke nach und werde reich« von Napoleon Hill. Weltweit haben Millionen Menschen diesen Ratgeber für mehr Geld gelesen. Leider liegt mir keine Statistik vor, wie viele Menschen durch das Lesen dieses Buches wirklich Millionäre geworden sind. Aber auch ohne Zahlenmaterial kann ich mir vorstellen, dass die Zahl der Millionäre nicht signifikant gestiegen ist.

Es ist immer leichter, ein Erfolgsbuch zu lesen und sich dann an das nächste zu machen, als das neu erworbene Wissen anzuwenden. Und genau hier liegt das Problem. Jede Veränderung ist zunächst mit Anstrengungen und Schmerzen verbunden. Wer z. B. Fahrrad fahren lernen möchte, wird mehr als einmal auf die Nase fallen. Wer die Karriereleiter erklimmen möchte, wird öfter die Firma wechseln müssen. Damit lässt man sich immer wieder auf neue Bedingungen ein, die nicht unbedingt nach jedermanns Geschmack sind. Aber um dem großen Ziel, Führungskraft zu werden, näher zu kommen, sind auch hier schmerzhafte Veränderungen erforderlich.

Was immer Sie planen, Sie müssen sich darüber im Klaren sein, dass Sie in allem, was Sie tun, frei sind. Sie sind aber nicht frei in der Wahl der damit verbundenen Konsequenzen. So haben Sie z. B. die Freiheit, von einem Turm dreißig Meter in die Tiefe zu springen. Die Freiheit aber, ob Sie danach noch gemütlich spazieren gehen, haben Sie nicht mehr. Sie werden nach diesem Sprung mit Sicherheit im Krankenbett oder aber auf der Bahre liegen. Ich weiß, ein solch drastisches Beispiel ist nicht nach jedermanns Geschmack. Mir geht es auch nur darum, den Unterschied zwischen Freiheit und Konsequenz darzustellen. Viele Menschen tun das Falsche und meinen, es sei das Richtige.

Aus der Motivationspsychologie weiß man, dass 80 Prozent von Motivation auf Vision zurückgehen. Wer weiß, warum er etwas tun möchte, und darin einen Sinn sieht, bringt auch die notwendige Energie auf. Wie wir dieses Ziel dann erreichen, darüber entscheiden letztlich nur die restlichen 20 Prozent.

Punktgenau

In meinem Lebensplan finden sich realistische Ziele.

PAULS MOTIVATIONSTIPP:

ALLE TRÄUME KÖNNEN WAHR WERDEN, WENN WIR DEN MUT HABEN, IHNEN ZU FOLGEN.

Walt Disney

10.05 Gehen Sie die totale Verpflichtung ein

Zu Beginn unserer Zeitrechnung sah sich ein großer Feldherr zu einer Entscheidung gezwungen, die die völlige Vernichtung seiner Armee bedeuten konnte. Dennoch hatte er keine andere Wahl. Er musste in den Krieg ziehen und seine Truppen gegen einen zahlenmäßig überlegenen Feind antreten lassen. So verschiffte er seine Truppen in das feindliche Gebiet. Als die Soldaten das Land betraten, befahl der Feldherr ihnen, die Schiffe komplett zu entladen. Nachdem dies geschehen war, befahl er, die Schiffe anzuzünden. Vor der Schlacht rief er seine Kämpfer zusammen und sagte: »Seht ihr, wie das Feuer unsere Schiffe zerstört hat. Wenn wir diesen Kampf verlieren, werden wir diese Küste nicht mehr lebend verlassen. Wir haben keine Wahl, als zu siegen, oder wir werden sterben.« Der Ausgang ist bekannt. Die Armee siegte. Diese Geschichte lehrt uns, dass wir immer nur dann gewinnen können, wenn wir bereit sind, alles auf eine Karte zu setzen.

Erfolgreich werden nicht die Menschen, die sich nach allen Seiten absichern. Davon können viele Angestellte ein Lied singen. Jahrzehnte waren sie bei ihrem Arbeitgeber beschäftigt und plötzlich stehen sie auf der Straße. Wären diese Menschen vorher vielleicht ein überschaubares Risiko eingegangen, hätten sie sich diese Erfahrung ersparen können. Was spricht denn dagegen, seinen alten Hauptberuf aufzugeben und sich ein Jahr lang voll und ganz auf eine neue Aufgabe zu konzentrieren? Glauben Sie denn wirklich, dass Sie nach einem Jahr des Scheiterns überhaupt keine Chance mehr haben, in Ihren alten Beruf zurückzugehen? Das ist doch lächerlich. Wer ernsthaft etwas will, der wird es auch schaffen. So wie der Kaufmann in Chicago. Die Stadt lag in Schutt und Asche und die Kaufhausbesitzer standen in der State Street vor ihren ausgebrannten Kaufhäusern. In einer Konferenz wurde darüber abgestimmt, ob Chicago wieder aufgebaut werden sollte oder nicht. Mit Ausnahme eines Einzigen entschieden sich alle Anwesenden, Chicago zu verlassen. Der Kaufmann, sein Name war Marshall Field, der sich für den Verbleib in der Stadt entschieden hatte, zeigte auf die Überreste seines Geschäftes und sagte: »Meine Herren, auf genau diesem Platz werde ich der Welt größtes Kaufhaus errichten, und wenn es noch so oft niederbrennen sollte.« Die Geschichte ist mehr als einhundert Jahre her und noch heute steht dort eines der größten Kaufhäuser der Welt, das »Marshall Field's«. Es ist ein sichtbares Denkmal jener Kraft, die jedem Menschen zuteil wird, der bereit ist, alles zu geben.

Sie sehen, immer dann, wenn Sie bereit sind, sich auf eine Aufgabe mit ganzer Kraft zu konzentrieren, werden Sie zu den Gewinnern zählen. Sie müssen sich nur klar entscheiden. Dazwischen gibt es nichts. Für Sie gilt: Entweder Sie wollen Ihren Erfolg oder Sie wollen ihn nicht. Ein bisschen Erfolg gibt es nicht.

Denken Sie immer daran: Sie wurden als Gewinner geboren. Bereits vor Ihrer Geburt haben Sie sich an einem großen Wettkampf beteiligt. Über 50 Millionen Gegner, nämlich Samenzellen, haben sich einer Herausforderung gestellt: der Erste zu sein! Im Leben kann es nur einen Sieger geben. Der Zweite ist bereits der erste Verlierer! Bei diesem beschriebenen Wettkampf gab es einen Sieger: Sie! In diesem einzigartigen Wettlauf waren Sie der Schnellste, der Stärkste und der Beste. Sie sind ein Gewinnertyp. Das Gewinnen ist Ihnen buchstäblich angeboren. Nutzen Sie in diesem Leben daher weiterhin Ihr »Gewinner-Gen«.

Punktgenau

Auf welche meiner Leistungen bin ich besonders stolz?

PAULS MOTIVATIONSTIPP:

EINE CHANCE ZU SEHEN, IST KEINE KUNST. DIE KUNST IST, EINE CHANCE ALS ERSTER ZU SEHEN.

Benjamin Franklin

KAPITEL 11

MEIN INNERER SCHWEINEHUND

Alles überwindet der Mensch;
aber nur, wenn die Überwindung
für ihn eine Notwendigkeit ist –
alles vermag er, wenn er muss.

Ludwig Feuerbach

11.01 Es grüßt der innere Schweinehund

Haben Sie schon einmal einen Schweinehund gesehen? Sie werden staunen, aber einen solchen »Sauhund«, wie er auch genannt wurde, gab es wirklich. Er wurde für die Wildschwein-Jagd abgerichtet. Gereizte Keiler oder Bachen, die ihre Frischlinge schützen wollen, sind sehr gefährlich für Menschen. Nicht selten kam es hier zu tödlichen Übergriffen auf die Jäger. Zu ihrem eigenen Schutz richteten die Jäger Sauhunde ab. Diese unerschrockenen Tiere kannten kein Pardon. Ihre Aufgaben – Hetzen, Ermüden und Festhalten – wurden mit der Zeit sprichwörtlich für die Charaktereigenschaften bissiger Menschen. Darüber hinaus steht der »innere Schweinehund« als Begriff auch für die Willensschwäche einer Person. Wie ein Terrier beißt sich dieser innere Schweinehund in unseren Gedanken fest, um uns von wichtigen Vorhaben abzubringen. Wer weiß, dass er unbedingt Diät halten sollte, aber nicht die notwendige Willensstärke aufbringt, den ersten Schritt zu tun, spricht oft davon, seinen inneren Schweinehund nicht überwinden zu können. So hetzt man, wie der Jagdhund, den alten Überzeugungen hinterher und hält daran fest. Unermüdlich arbeitet der innere Schweinehund daran, gute Vorsätze zu boykottieren. Er ist nie um Ausreden verlegen und genau das macht ihn so gefährlich.

Sie haben gelernt, dass nichts und niemand auf der Welt Sie davon abbringen kann, genau das zu bekommen, was Sie haben wollen. Vorausgesetzt, Sie sind davon überzeugt, diese Ziele auch erreichen zu können (Stichwort: Kopfkino). Die Begrenzung liegt einzig in Ihrem Kopf und genau dort muss auch die Veränderung stattfinden. ***»Imagination ist wichtiger als Wissen«,*** stellte Albert Einstein fest. Seiner unglaublichen Vorstellungskraft verdanken wir die Relativitätstheorie, seine Schlussfolgerung über Raum und Zeit. Er arbeitete dabei mit kindlichen Fantasien und wurde so unsterblich. Manager und Spitzensportler sind sich schon lange darin einig, dass die mentale Stärke entscheidend ist für Sieg oder Niederlage, für Durchhalten oder Aufgeben. Je intensiver wir uns unsere Ziele vorstellen, desto eher erreichen wir sie. Das weiß auch der »Skiüberflieger« Sven Hannawald. In seiner Fantasie bezwang er die Schanze mehr als 1000-mal erfolgreich. Als 27-Jähriger gewann er als erster Sportler alle Springen der Vierschanzentournee.

Stellen Sie sich vor, Sie leasen ein Auto. Dafür müssen Sie jeden Monat die Leasingrate bezahlen. Ich gehe davon aus, dass Sie dieser Verpflichtung nachkommen, ansonsten gibt es Ärger. Der Inkasso-Dienst und die SCHUFA lassen grüßen. Es gibt keinen Zweifel: Um Schwierigkeiten auszuschließen, werden Sie natürlich pünktlich zahlen. Wie aber verhält es sich, wenn ich Sie bitten würde, ab sofort jeden Tag eine halbe Stunde Sport zu treiben? Es kann sein, dass Sie euphorisch anfangen, doch schon bald wieder aufhören. Es bleibt bei den »guten« Vorsätzen, oder?

Dafür gibt es einen Grund, warum einige hier immer wieder scheitern. Erinnern Sie sich an die Leasingrate. Diese Rate *müssen* Sie zahlen. Sport treiben *können* Sie. Und genau darin liegt ein Problem. Dinge, die Sie erledigen müssen und wollen, gehen einfach und funktionieren fast immer. Dinge, die Sie erledigen können, schaffen Sie meistens nicht, weil können immer nur freiwillig ist. Das Nichterreichen des Ziels zieht in diesem Fall keine ernsthaften Konsequenzen nach sich. Dagegen ist bei *Muss*-Dingen mit Schwierigkeiten zu rechnen, wenn diese nicht erreicht werden. Die zentrale Botschaft lautet daher, *Kann*-Dinge in ***Will***-Dinge umzuwandeln.
Wenn Sie das einmal erkannt haben, meldet sich bald Ihr innerer Schweinehund zu Wort, um Sie von Ihrem Vorhaben abzubringen. Seine Botschaften sind immer die gleichen limitierenden Glaubenssätze und Überzeugungen:

- ✓ Das schaffst du nie!
- ✓ Du hast schon einmal versagt, willst du dich schon wieder blamieren?
- ✓ Das wird schiefgehen.
- ✓ Selbst wenn du es schaffst, es wird viel Kraft kosten.

Ihr Bedenkenträger im Kopf leistet ganze Arbeit. Er prophezeit Ihr Scheitern und Sie glauben daran. So bleibt Ihnen gar nichts anderes übrig, als zu scheitern. Wenn Sie das nicht wollen, wovon ich ausgehe, setzen Sie Ihrem inneren Schweinehund im Wortsinn einen Maulkorb auf.

Punktgenau

Wie oft hat mich mein innerer Schweinehund an der Umsetzung meiner Pläne gehindert? Wie hindere ich ihn zukünftig daran, mir immer wieder in die Quere zu kommen?

PAULS MOTIVATIONSTIPP:

ICH BIN FROH UND HEITER, GLÜCK IST MEIN STÄNDIGER BEGLEITER.

11.02 Schluss mit faulen Ausreden

Der innere Schweinehund taucht immer in den unpassendsten Momenten auf. Am ehesten, wenn Aufgaben zu erledigen sind, die erledigt werden müssen, wir uns dagegen aber sträuben. Ob jemand mit dem Rauchen aufhören oder eine Diät beginnen möchte, die Garage entrümpeln will oder Sport treiben möchte, in solchen Momenten meldet sich unser innerer Schweinehund, um diese Vorhaben zu boykottieren. Im Grunde genommen verhält er sich wie ein undressierter Hund, der seinen eigenen Dickkopf durchsetzt. Er läuft kreuz und quer übers Feld, ohne auf sein Herrchen zu achten. Selbst Pfeifen und Rufe können ihn nicht aufhalten. Sobald der Hund an der Leine geführt wird, ändert er sein Verhalten. Mit dem inneren Schweinehund verhält es sich ähnlich. Er muss jeden Tag immer wieder neu dressiert werden. Auf Seite 162 einige Tricks, wie Sie Ihren inneren Schweinehund so dressieren können, dass er Ihnen nie mehr zur Last fällt.

Punktgenau

Ich stehe zu meinen Entscheidungen.
Für mich gibt es keine Ausreden mehr.

PAULS MOTIVATIONSTIPP:

WAHRE UNIVERSALITÄT BESTEHT NICHT DARIN, DASS MAN VIELES WEISS, SONDERN DASS MAN VIELES LIEBT.

Carl Jacob Burckhardt

So dressieren Sie Ihren inneren Schweinehund

1. Als Erstes ist es wichtig, zu erkennen, wo er sich versteckt hält. Der innere Schweinehund taucht quasi aus dem Nichts auf, dennoch muss er aber einen Sitz haben. Das, was Sie am meisten ablehnen, aber notwendigerweise ändern müssen, ist sein bevorzugtes »Jagdrevier«. Deshalb finden Sie ihn am ehesten, wenn Sie sich fragen, welchen Aufgaben und Herausforderungen Sie sich nicht stellen wollen.

2. Wenn Sie wissen, wo er sich versteckt hält, müssen Sie ihn überlisten, ihn quasi aus seinem Versteck locken, wie eine Maus, die man mit Käse fängt. Mit einem klaren, schriftlichen Plan werden Sie ihn herausfordern. Am besten fangen Sie mit einem Tagesplan an. Sie schreiben genau auf, was Sie an diesem Tag wann erreicht haben wollen.

3. Treten Sie die Flucht nach vorne an. Wenn Ihr innerer Schweinehund Sie wieder von Ihrem Vorhaben abbringen möchte, steuern Sie dagegen. Wenn Sie z. B. morgens zehn Minuten eher aufstehen möchten, wird Ihr Unterbewusstsein Sie dahingehend unterstützen. Sie werden automatisch die besagten zehn Minuten eher wach sein. Dann meldet sich Ihr innerer Schweinehund mit den Worten: »Hier ist es doch so nett im Bett. Bleib doch liegen. Die zehn Minuten machen den Kohl auch nicht mehr fett. Was, bitte schön, sind schon zehn Minuten? Bleib einfach liegen.« In diesem Moment springen Sie aus dem Bett und gehen unter die kalte Dusche. Sie haben gewonnen – Ihr Schweinehund verloren.

4. An anderer Stelle habe ich Ihnen bereits gesagt, wie wichtig Ihr Wille ist. Wann immer Ihr innerer Schweinehund Sie drangsaliert und Sie von Ihren Vorhaben und Plänen abhalten möchte, sagen Sie sich immer wieder: »Ich will dieses oder jenes erreichen. Ich will. Ich will. Ich will.«

11.03 So überwinde ich den inneren Schweinehund

Ihr innerer Schweinehund wird nicht freiwillig das Feld räumen. Nur durch aktives Handeln können Sie ihn »vertreiben«. Dabei kommt es, wie immer, auf Ihre Einstellung an. Entscheiden Sie sich dafür, ihn wirklich zu vertreiben. Belassen Sie es nicht bei einem Versuch, nach dem Motto: »Ich weiß nicht, ob es funktionieren wird, ich kann es ja einmal versuchen.« Haben Sie schon einmal versucht, einen Ball zu werfen? Es wird nicht funktionieren. Mit einem Versuch kommen Sie nie voran. Entweder werfen Sie den Ball oder nicht, dazwischen gibt es nichts. Versuchen Sie daher nie, den Schweinehund zu vertreiben, sondern nehmen Sie im Wortsinn die Peitsche in die Hand und handeln Sie.

Wenn Ihr innerer Schweinehund Sie bisher daran gehindert hat, zu wachsen und mehr Geld zu verdienen, dann ist jetzt der richtige Zeitpunkt, dies zu ändern. Denken Sie immer daran: Ihr Selbstvertrauen, also Ihr Vertrauen zu sich selbst, wächst mit Ihrem zunehmenden Wissen und mit Ihrer Erfahrung. ***Ihre täglichen Erfolge sind ein Spiegelbild Ihrer Leistungen und Fähigkeiten.*** Darüber hinaus wird Ihr Selbstvertrauen stark beeinflusst durch Ihr persönliches Umfeld, also durch die Menschen, die Sie umgeben. Erfolgreiche Menschen umgeben sich daher nur mit ebenfalls erfolgreichen Menschen und umgekehrt.

Sich Wissen anzueignen ist leicht, z. B. durch regelmäßiges und systematisches Lesen sowie durch den Besuch von Seminaren. Möglichkeiten gibt es mehr als genug, es liegt nur an Ihnen, sie zu nutzen. Erfahrungen bekommen Sie nur durch Handeln, also durch praktische Anwendung des Gelernten bei gleichzeitiger Bereitschaft, Fehler zu machen und aus diesen Fehlern zu lernen. Tägliche Erfolge notieren Sie sich ab heute in Ihrem Erfolgstagebuch (siehe Kapitel 13). Ihr Umfeld suchen Sie sich nun bewusster aus. Erfolg zieht Erfolg an. Misserfolg zieht Misserfolg an. Sie wissen, dass der Einfluss kranker oder negativ denkender Menschen krank macht. Also unterschätzen Sie diese Faktoren, die maßgeblich zu Ihrem Erfolg oder Misserfolg beitragen werden, niemals.

Sie allein haben es in der Hand, auf welcher Seite Sie stehen. Wollen Sie weiterhin einer unter vielen sein oder wollen Sie einer unter wenigen sein? Dann arbeiten Sie daran und werden Sie Experte auf Ihrem Gebiet. Wie viele Bücher lesen Sie im Jahr? Niemand erwartet von Ihnen, dass Sie ein Buch am Stück lesen. Es reicht, wenn Sie jeden Tag nur 20 Seiten lesen. Mit ein wenig Übung brauchen Sie dafür nur zehn Minuten und die werden Sie bei sorgfältiger Planung immer übrig haben. Wenn Sie jeden Tag 20 Seiten lesen, dann sind das pro Jahr 7.300 Seiten und in fünf Jahren 36.500 Seiten! Von einem Roman einmal abgesehen, hat ein »normales« Buch in etwa 200 Seiten. Danach hätten Sie rechnerisch die Möglichkeit, mehr als 180 Bücher zu lesen. Glauben Sie mir, wenn Sie wirklich nur die Hälfte lesen, sind Sie sprichwörtlich so belesen, dass Sie zwangsläufig besser sind als jeder Ihrer Mitbewerber.

Darüber hinaus sollten Sie einen Teil Ihrer Arbeitszeit für den Besuch von Seminaren einplanen. Sie können viel lesen, aber das Geschriebene auch live zu erleben, ist wichtig und durch nichts zu ersetzen. In einem Seminar haben Sie die Möglichkeit, Fragen zu stellen, an bestimmten Beispielen mitzuwirken und sich natürlich mit Gleichgesinnten zu unterhalten. Ich spreche in diesem Zusammenhang nicht nur von berufsbegleitenden Seminaren, sondern auch von Seminaren, die sich mit Ihrer Persönlichkeitsentwicklung beschäftigen, oder von Seminaren, die bestimmte Fertigkeiten vermitteln, aber auch von Seminaren, die Sie mit Ihrer Familie besuchen.

Punktgenau

Ich lege meinen inneren Schweinehund an die Kette, dass er nie wieder die Chance hat, mich zu beeinflussen.

PAULS MOTIVATIONSTIPP:

DIE ÜBERZEUGUNG IST DAS GEWISSEN DES GEISTES.

Nicolas Chamfort

KAPITEL 12

ICH LEBE OHNE SORGEN

Schwierigkeiten geben den Dingen einen größeren Wert.

Michel de Montaigne

12.01 Ärger macht mich nur noch ärger

»Mensch ärgere dich nicht« – dieses Spiel hat wohl jeder schon einmal gespielt. In der Tat ist es sehr interessant zu beobachten, wie die Spieler mit ihren Niederlagen umgehen. Besonders Kinder neigen hier mitunter zu außergewöhnlichen Reaktionen. Sie können nicht wissen, dass es ihre eigene Entscheidung ist, sich zu ärgern oder nicht. Sie als Erwachsener wissen natürlich, dass jeder Ärger der Gesundheit zuwider ist. Fragen Sie sich, ob es eine Sache wert ist, sich darüber zu ärgern und Energie zu verschwenden. Ärgert Sie die Sache auch noch in einer Stunde, am nächsten Tag oder nächste Woche? In diesem Fall geht es darum, aktiv zu werden, den Ärger abzubauen. Wenn nicht, dann vergessen Sie Ihren Ärger und schon haben Sie Ihre Ruhe. Ansonsten lösen Sie, natürlich ungewollt, eine Kettenreaktion aus, die am Ende nur Verlierer kennt.

Der Chef schnauzt seinen Angestellten an. Der fährt nach Hause und schimpft als Erstes mit seiner Frau, die sich daraufhin in die Küche zurückzieht. Nun kommt das Kind und stellt eine Frage. Die Mutter antwortet nicht, sie schreit das Kind nur an. Das zieht sich auf sein Zimmer zurück und trifft im Flur auf den Hund, der einen Tritt in den Allerwertesten bekommt. Eine Stunde später geht der Hund mit seinem Herrchen spazieren. Am Ende der Straße wohnt der Chef seines Herrchens. Im Garten dieses Hauses verrichtet der Hund seine Notdurft. Ich denke, Sie erkennen den tieferen Sinn hinter dieser Geschichte. Sie verdeutlicht, dass wir nie etwas aussenden können, ohne dafür die Quittung zu bekommen. Mit anderen Worten: Wenn Sie böse, missmutig und pessimistisch durch die Welt gehen, dann wird alles, was auf Sie zukommt, genauso sein. Sie werden auf Menschen treffen, die genauso böse, missmutig und pessimistisch sind wie Sie.

Alles, was Sie ausstrahlen, bekommen Sie hundertfach zurück. An Ihnen ist es, gute und bejahende Botschaften auszusenden, dann bekommen Sie dieselben zurück. Ist Ihr Chef mit Ihnen zufrieden, drückt sich das am Monatsende auch in Form eines besseren Gehaltsschecks aus. Eine Studie der Harvard-Universität belegt, dass jemand, dessen erster Chef souverän und positiv mit anderen umging, später selbst dieses Verhalten zeigte. War der Chef dagegen verstimmt, missmutig und nörgelte herum, dann zeigte sich dieser Angestell-

te später als Führungskraft sehr ähnlich. Das gilt auch für das Selbstvertrauen. Auch hier assoziiert der Begriff schon, worum es wirklich geht, nämlich ob man sich »selbst etwas traut«. Je geringer das Selbstvertrauen einer Führungskraft, desto weniger kann sie das Vertrauen bei den Mitarbeitern stärken. Am Ende werden die Mitarbeiter kaum noch den Mut aufbringen, etwas eigenständig in Angriff zu nehmen! Ganz im Sinne von Otto von Bismarck:
»Die Scheu vor der Verantwortung ist eine Krankheit unserer Zeit.«

In Kapitel 2.02 – Starten Sie mit einem Lächeln in den Tag – habe ich Sie darüber informiert, wie wichtig das Lächeln ist. Gerade in den Momenten, in denen es uns nicht so gut geht oder wir vom Ärger buchstäblich aufgezehrt werden, ist es sehr wichtig zu lächeln. Ich möchte daher noch einmal daran erinnern, dass Ärger Ihre Stirn runzelt, Freude die Mundwinkel hebt. Forscher der Universität Würzburg nennen dieses Phänomen Body-Feedback. Selbst wenn Sie sich schlecht fühlen und der Ärger Sie zu ersticken droht: Versuchen Sie, sich ein künstliches Lächeln abzugewinnen. Es wird Sie fröhlicher machen. Mit diesem kleinen Trick können Sie Ihre Laune deutlich verbessern und Sie haben gelernt, dass in einem solchen Zustand Probleme viel einfacher zu lösen sind. Natürlich funktioniert das Ganze – leider – auch andersherum. In den Momenten, in denen Sie Ihre Schultern hochziehen, nach dem Motto »Das regt mich auf, aber ändern kann ich eh nichts«, reagiert Ihr Körper genauso sensibel. Er lässt Sie noch tiefer in die Verzweiflung abrutschen und Sie sehen die Angelegenheit noch schwärzer. Auch hier gilt: Sie allein haben die Macht der Entscheidung. Nutzen Sie sie.

Durch meine Seminartätigkeit bin ich natürlich viel im Auto unterwegs, auch wenn ich viel lieber Bahn fahren würde. Es passiert leider immer wieder, dass sich manche Verkehrsrowdys auf der Autobahn aufführen wie ein Rennfahrer auf der Formel-1-Strecke. Schon oft wurde ich geschnitten oder musste eine Vollbremsung hinlegen, um Schlimmeres zu verhindern. In diesen Momenten bin ich im Wortsinn auf 180 und möchte dem anderen Autofahrer links und rechts eine watschen. Das Problem: Ich möchte es, er weiß es nur nicht, weil er schon längst das Weite gesucht hat. Womit einmal mehr klar wird, dass der Ärger nur mir schadet. Es fällt mir in solchen Momenten sehr schwer, die

Contenance zu wahren. Schließlich bin ich ein Mensch und keine Maschine. Also habe ich mir einen Trick zurechtgelegt, um mit diesen Situationen besser umgehen zu können. Statt mich über das ungezogene Verhalten anderer aufzuregen, die mich soeben zur Weißglut brachten, suche ich nach Ausreden für ihr Verhalten. Ich denke mir dann fünf Gründe aus, warum dieser »arme« Mensch sich mir gegenüber so verhalten hat. »Vielleicht muss er ins Krankenhaus, weil seine Frau ein Kind bekommt« oder »seine Oma hat Blähungen« oder »sein Sprit ist bald alle, deshalb muss er schnell zur Tankstelle« (ein Scherz, aber Spaß ist in diesen Momenten natürlich erlaubt). So banal diese kleinen Tricks auch klingen, sie helfen ungemein, den Ärger zu beseitigen. Total easy und schmerzfrei.

Punktgenau

Ich zähle langsam von 21 bis 25, um mich nicht mehr aufregen zu müssen.

PAULS MOTIVATIONSTIPP:

ERSTICKE DEINEN ÄRGER, SOLANGE ER KLEIN IST.

Aus der Slowakei

12.02 Mein Anti-Ärger-Programm

Ob Sie sich ärgern oder nicht – die Entscheidung liegt bei Ihnen, wobei ich klar unterstreichen möchte, dass vieles auch mit Ihrem Temperament zu tun hat. Ein Choleriker ist von Haus aus aufbrausend und dominant. Ihm zu sagen, er soll sich weniger ärgern und aufregen, gleicht dem Versuch, einen Fußball durch einen Flaschenhals zu drücken. Der Phlegmatiker kennt den Begriff Ärger kaum, er lässt eh nichts an sich heran. Glaubt man verschiedenen Studien, ärgert sich statistisch gesehen jeder Mensch einmal am Tag. Es gibt verschiedene Möglichkeiten, damit richtig umzugehen. Amerikanische Studien belegen, dass körperliche Betätigung noch immer das beste Rezept gegen Ärger und Frust ist. Wer sich ärgert, soll sich bewegen, statt sich in den Ärger hineinzusteigern. Das aber wird bei Autofahrten kaum möglich sein, daher greift hier Pauls »Anti-Ärger-Trick« aus Kapitel 12.01.

Oft reicht eine veränderte Blickrichtung aus, um den Ärger abzubauen. Wer viel am Computer arbeitet, liest oder fernsieht, der gewöhnt sich daran, seine Augen auf ein Detail scharf zu stellen. Hirnforscher wollen festgestellt haben, dass dieser Tunnelblick das Gehirn in einen Zustand versetzt, in dem es weniger leistungsfähig, kreativ und intuitiv ist. Wer dagegen seine Augen auf Weitwinkel »einstellt«, sorgt dafür, dass sein Gehirn auf die sogenannten entspannenden Alpha-Wellen umschaltet. Auf der Körperebene reagieren wir dann mit Ruhe und Gelassenheit.

Pauls »Anti-Ärger-Programm« in sechs Schritten

1. Akzeptieren

Druck erzeugt Gegendruck. Wenn Sie etwas verändern wollen, dann ist Kampf das schlechteste Mittel. Akzeptieren Sie zunächst einmal die Situation. Es ist, wie es ist! Diese Einstellung wird dazu führen, dass Sie innerlich gelassener werden, sich weniger ärgern.

2. Analysieren

Kennen Sie die Ursache für Ihren Ärger? Ist es der Ehepartner, der Sie ärgert, der Chef, die Arbeitskollegen, der Lehrer Ihrer Kinder oder das Finanzamt? Prüfen Sie, ob dieser Ärger nur temporär und mit dem Abarbeiten erledigt ist oder ob es sich hier um eine Dauerbelastung handelt. In diesem Fall müssen Sie das Problem exakt definieren und mit allen Beteiligten über die aus Ihrer Sicht krankmachende Situation sprechen. Wenn Sie Probleme mit dem Finanzamt haben, dann gehen Sie zu dem Sachbearbeiter und klären die Situation durch ein persönliches Gespräch. Das wirkt Wunder. Wenn Ihr Lebenspartner für Sie ein Problem ist, dann klären Sie, was Sie so wütend macht, und sprechen Sie ihn dann darauf an. Sagen Sie, was Ihnen nicht gefällt. Nur wenn Ihr Lebenspartner weiß, wo Sie der Schuh drückt, kann auch er anders reagieren. Doch merke: Ändern werden Sie einen Menschen nie. Veränderungen können nie von außen auf einen Dritten einwirken, sondern immer nur von innen kommen.

3. Positiv denken

Auch hier geht es nicht darum, Ärger, Sorgen und Ängste einfach durch positives Denken zu überdecken. Eine positive Geisteshaltung hilft, gelassener zu werden, im festen Bewusstsein, dass es für alles eine Lösung gibt.

4. Kollektivschuld

Geben Sie Ihren Ärger nie an Dritte weiter. Dass Sie sich ärgern, ist ganz allein Ihr Problem. Auch wenn ein Dritter Sie ärgert, bleiben Sie gelassen. Druck erzeugt Gegendruck! Lächeln Sie in die Welt, dann lächelt die Welt zurück. Ich weiß, das ist in einer solchen Situation alles andere als einfach. Doch wenn Sie Ihren Ärger abbauen wollen, schaffen Sie es nur mit einer anderen Sichtweise und nie mit Kampf.

5. Geduld

Üben Sie sich in Geduld. Rom wurde auch nicht an einem Tag erbaut, sagt eine Redensart. Gut Ding will Weile haben, lehrt eine andere Redensart. Ärger entsteht nicht immer direkt und sofort, sondern entwickelt sich. Geben Sie sich die nötige Zeit, diesen Ärger abzubauen.

6. Dankbarkeit

Aus jeder Situation können Sie etwas lernen. Seien Sie für den einen oder anderen Ärger dankbar. Es zeigt, dass Sie oder ein anderer etwas falsch gemacht haben. Sie lernen, dass es so nicht geht. Dann haben Sie die Möglichkeit, es zu ändern und beim nächsten Mal einen solchen Fehler zu vermeiden.

Punktgenau

Ich arbeite das »Anti-Ärger-Programm« so lange durch, bis ich es komplett verinnerlicht habe.

PAULS MOTIVATIONSTIPP:

DAS ÄRGERLICHE AM ÄRGER IST, DASS MAN SICH SCHADET, OHNE ANDEREN ZU NÜTZEN.

Kurt Tucholsky

12.03 Sorgen entsorgen

»Guten Morgen, liebe Sorgen, seid ihr auch schon alle da? Habt ihr auch so gut geschlafen, na dann ist ja alles klar.« So singt es Jürgen von der Lippe in einem seiner zahlreichen Lieder. In der Tat ist der Begriff Sorge unser täglicher Begleiter, man kann sich ihm fast nicht mehr entziehen: AltersvorSORGE, VorSORGE im Krankheitsfall, RisikovorSORGE, um nur einige dieser negativ besetzten Begriffe zu nennen. Natürlich ist es wichtig, fürs Alter vorzusorgen oder im Krankheitsfall abgesichert zu sein. Doch es gibt ein Leben vor der Rente und das ist jetzt. Wer immer nur darüber nachdenkt, was morgen noch alles passieren kann, wird niemals zur Ruhe kommen. Das ist natürlich Wasser auf die Mühlen der Finanz- und Versicherungsberater. Sie leben in der Tat wie die Made im Speck aufgrund ihrer Vertragsabschlüsse. Das Klappern mit dem Sargdeckel ist noch immer das beste Verkaufsargument. Da wird an das Gewissen appelliert, nicht nur für sich im Fall der Fälle vorgeSORGt zu haben, sondern auch für die Lieben daheim. Wen wundert's, dass es mehr Lebensversicherungsverträge in Deutschland gibt als Einwohner: Statistisch gesehen hat jeder versicherbare Bürger zwei Lebensversicherungen. Das ist für mich ein alarmierendes Zeichen. Diese Zahlen sprechen eine deutliche Sprache: Ein Großteil der Bevölkerung giert förmlich nach Sicherheit und die Sorge, dafür nicht genügend getan zu haben.

Statt die riesigen Chancen, die uns jeden Tag geboten werden, zu nutzen und das Beste aus dem Tag zu machen, verharren viele in ständiger Sorge, ein Schicksalsschlag könnte sie empfindlich treffen. Obwohl sie genau wissen, dass es dafür keinen wirksamen Schutz gibt, gehen sie zur VorSORGE-Untersuchung, um eine Krankheit möglichst schon im frühzeitigen Stadium zu entdecken. Sie schließen weitere Versicherungsverträge zur RisikovorSORGE ab und sprechen mit ihrem Chef über eine betriebliche AltersvorSORGE. Ihr größtes Problem aber ist die Sorge um den Verlust ihres Arbeitsplatzes. Eine Studie der Gesellschaft für Konsumforschung kommt zu dem Ergebnis, dass 80 Prozent der Befragten Angst vor Arbeitslosigkeit haben. Wer ein solches Sorgenpaket täglich mit sich herumschleppt, kann kaum noch ein ausgeglichenes Leben führen. Natürlich ist es wichtig, sich für den Fall der Fälle abzusichern, aber in Maßen. Wie schon die Lateiner sagten:

Semel vivitur tantum

Auf Deutsch: Man lebt nur einmal. Nur Sie allein entscheiden, wie Sie mit dieser Botschaft umgehen. Nur Sie. Niemand anders. Und hier gilt das, was ich schon mehrfach gesagt habe: Die Entscheidung beginnt im Kopf! Sie wissen, dass wir Menschen über eine außergewöhnliche Fähigkeit verfügen, nämlich die Fähigkeit, gedankliche Ereignisse vorwegzunehmen. Diese Antizipationsfähigkeit unterscheidet uns Menschen im Wesentlichen von den geistigen Strukturen der Tiere, die nicht in der Lage sind, etwas gedanklich vorwegzunehmen. Solange wir positive Gedanken und Visionen haben, ist diese Fähigkeit ein Segen. Als Fluch erweist sie sich, weil damit auch die Fähigkeit verbunden ist, sich etwas auszumalen, was uns Angst und Bange macht, worüber wir grübeln und uns sorgen. Sorgen sind also nichts anderes als Gedanken, die einzig um die Frage »Was wäre wenn …« kreisen. Diese einfache Frage führt leider dazu, dass wir uns in Katastrophenfantasien hineinsteigern können. Wir malen uns aus, dass wir den Anforderungen am Arbeitsplatz nicht mehr gerecht werden und der Chef uns vor versammelter Mannschaft zur Schnecke macht. Oder wir denken an den Verlust eines lieben Menschen. Wir stellen uns vor, im Alter bettlägerig zu sein oder aber als Rentner nicht mehr über genügend Geld zu verfügen. Durch diese Gedanken versetzen wir unseren Körper in Angst und Schrecken. Dadurch verspannen sich Muskeln, Atmung und Herzschlag werden beschleunigt und der Stoffwechsel verändert sich. Über kurz oder lang führen diese Dinge zu körperlichen Leiden wie Migräne, Magen-Darm-Entzündungen oder Schlafstörungen. Sorgen sind Energiefresser, und weil sie Gedanken sind, haben sie natürlich die Tendenz, sich zu manifestieren. Wie innen so außen, ist die altbekannte Botschaft. Es ist ein weitverbreiteter Aberglaube, anzunehmen, dass man durch Sorgen etwas verhindern kann. Das Gegenteil ist der Fall. Je mehr man sich um etwas sorgt, desto größer ist die Wahrscheinlichkeit, dass diese Sorgen Wirklichkeit werden. Da ist keine höhere Macht im Spiel. Es sind unsere Gedanken, die diese Entwicklung erst möglich machen. Noch einmal zur Erinnerung: Ihr Unterbewusstsein urteilt nicht, ob das, was Sie sich den ganzen Tag vorstellen und befürchten, gewollt oder ungewollt ist. Das, was Sie denken, ist sein Auftrag. Es wird alles daransetzen, dass genau das eintreten wird, was Sie denken. Sie sehen, welche Verantwortung Sie tragen. Ich weiß, was ich Ihnen mit dieser Feststellung zumute. Ich weiß auch, wie schwer es ist, sich aus diesem Teufelskreis negativer Gedanken zu befreien. Man hat das Gefühl, die negativen Gedanken fahren Karussell, und alle Versuche, dieses Karussell anzuhalten, schlagen fehl. Je länger Sie im Wortsinn auf diesem Karussell sitzen, desto schwindliger wird Ihnen aufgrund der damit verbundenen Sorgen. Sie müssen etwas ändern, von allein hält das Karussell nicht an. Oft sind es immer wieder dieselben Sorgen, die uns die Kräfte rauben und unser Leben zur Hölle machen. Als Erstes ist es wichtig, sich den Sorgen zu stellen, am besten schriftlich. Nehmen Sie sich ein wenig Zeit und schreiben Sie auf, was Sie derzeit beschäftigt. Dieser Schritt ist ganz wichtig, denn nach einer Studie der North Dakota State University werden sogar Krankheiten geheilt, wenn Menschen mit Papier und Stift gegen chronische Leiden ankämpfen und ihre Befürchtungen, Ängste und Sorgen aufschreiben. Die Wissenschaftler haben dafür keine richtige Erklärung. Sie wissen nur, dass es funktioniert. Beschreiben Sie Ihre Sorgen. Fragen Sie sich, was Ihnen schlimmstenfalls passieren kann, wenn Ihre Befürchtungen traurige Wahrheit werden. Schreiben Sie auf, was Sie dann tun werden, welche Lösungsmöglichkeiten Sie erkennen. Mit Sicherheit fällt Ihnen mindestens eine Lösung ein. Sie werden erkennen, dass es auch in den schwierigsten Fällen eine Lösung gibt. Das ist doch eine beruhigende Erkenntnis, oder? Sie wissen um ein Problem und finden eine Lösung. Also was genau kann Ihnen dann noch passieren? Wiederholen Sie die Übung des Aufschreibens so lange, bis sich erste Besserungen in Ihren Gedanken einstellen. Ach ja, immer dann, wenn Sie Ihre Aufzeichnungen beendet haben, zerknüllen Sie das Papier und schmeißen es in den Papierkorb. Dieser symbolische Akt unterstreicht eindrucksvoll, wohin Ihre Sorgen gehören: in den Abfalleimer. Je öfter Sie diesen Akt vollziehen, desto schneller wird Ihr Unterbewusstsein erkennen, dass Sorgen bei Ihnen keine Chance mehr haben.

Es gibt Situationen, in denen uns in der Tat die Hände gebunden sind, wie z. B. während einer Autofahrt. Schreiben während der Fahrt ist nicht möglich. Doch gerade in diesen Momenten flackern häufig Sorgen vor unserem geistigen Auge auf. Überlisten Sie diese kleinen Quälgeister mit einem kleinen Trick. Sie können sich z. B. eine rote Karte mit der Aufschrift »unwichtig« vorstellen. Diese Karte »ziehen« Sie immer dann, wenn eine Sorge aufflackert.

Vor Ihrem geistigen Auge sehen Sie dann die rote Karte, dahinter verschwinden die Sorgen. Wie bei einer Fotokamera, die immer nur das scharf sieht, worauf die Linse fokussiert ist. Wenn Sie sich auf die rote Karte konzentrieren, werden Sie ein ähnliches Erlebnis haben. Die rote Karte ist klar und deutlich zu sehen, während Ihre Ängste und Sorgen im Hintergrund unscharf werden. Je öfter Sie diese Übung wiederholen, desto eher werden Sie erkennen, dass beim Aufflackern einer Sorge die rote Karte schneller ist. Es funktioniert, Sie müssen es nur tun.

Morgen ist nie, es ist nur eine Illusion. Sie können Ihre mentalen Bilder mit einer einfachen Botschaft noch verstärken: »Sorgen nicht vor morgen!« Die zentrale Botschaft ist klar, Sie werden sich erst morgen um Ihre Sorgen kümmern – also nie.

Punktgenau

Welche Sorgen werde ich sofort ent-sorgen?

PAULS MOTIVATIONSTIPP:

ALLE SORGEN NUR AUF MORGEN. SORGEN SIND FÜR MORGEN GUT.

Johann Wolfgang von Goethe

12.04 Das »bewegt« mich

Fast schon legendär ist der Ausspruch von Winston Churchill: »No sports.« Weniger ist allerdings überliefert, dass dieser Herr doch nicht so träge war, wie man es ihm gerne aufgrund seiner Leibesfülle abnahm. Er spielte Polo und erklomm den einen oder anderen Berg. Bewegung ist noch immer die beste Medizin und viele sogenannte »Zivilisationskrankheiten« ließen sich vermeiden, wenn die Menschen sich mehr bewegten. Je älter wir werden, desto weniger Sauerstoff kann der Körper aufnehmen. Studien gehen davon aus, dass man pro Jahr ein Prozent weniger aufnimmt. Tatsache ist, dass mit Abnahme der Sauerstoffaufnahme auch die körperliche Leistungsfähigkeit abnimmt. Dagegen können Sie sich schützen, wenn Sie bereit sind, regelmäßig Ausdauersport zu treiben. »Auch ältere Menschen, die viele Jahre nichts für ihre Fitness getan haben, profitieren davon«, sagt Dr. Benjamin Levine von der University of Texas.[18] Sechs Monate hatten er und seine Kollegen Mittfünfziger, die 30 Jahre lang jeglichem Sport aus dem Weg gegangen waren, in ein langsam aufbauendes Fitnessprogramm gesteckt. Sie wurden alle ähnlich leistungsfähig wie 20 Jahre jüngere, untrainierte Männer. »Wird das Training langsam aufgebaut, kann sich der Organismus optimal anpassen, das Leistungsvermögen steigt mit der Zeit automatisch«, sagt Helge Knigge von der Deutschen Sporthochschule Köln. US-Gesundheitsexperten raten zu mindestens zwei Stunden Training pro Woche. Doch es muss nicht immer das anstrengende Ausdauertraining sein. Studien haben ergeben, dass gesundheitlich kein Unterschied besteht zwischen zweimal eine Stunde Training pro Woche oder zehn Minuten jeden Tag. Und diese zehn Minuten lassen sich leicht in jeden Tagesablauf einbinden: zu Fuß in den dritten Stock, mit dem Rad zur Arbeit etc. Alles, was man dafür braucht, ist ein kleines bisschen Disziplin. Wenn Sie diese aufbringen, wird der Körper Sie dafür belohnen. Das Risiko für Herz-Kreislauf-Erkrankungen sinkt, der Cholesterinspiegel sinkt ebenfalls, das Risiko, an Diabetes zu erkranken, wird signifikant abgesenkt und Alterungsprozesse werden gebremst. Auch die Psyche profitiert davon: Mehr Selbstbewusstsein, stärkere Gehirnaktivität und in der Folge eine höhere geistige Leistungsfähigkeit sind nur einige der positiven Effekte, die sich bereits nach wenigen Tagen einstellen.

Wer regelmäßig Sport treibt, sollte lieber morgens länger schlafen und abends trainieren. Eine britische Studie mit 14 Leistungsschwimmern hat gezeigt:

Wer sich in den frühen Stunden des Tages sportlich betätigt, hat ein höheres Risiko, an einer Infektion zu erkranken. Für diese Studie haben Wissenschaftler der Brunel University Middlesex die Zusammensetzung des Speichels der Schwimmer morgens und abends sowohl vor als nach dem Sport gemessen, um die aktuelle Abwehrlage zu erkunden. Das Ergebnis überzeugt: Morgens ist das Immunsystem weniger leistungsfähig und wird durch den Sport zusätzlich geschwächt. Dagegen ist es abends stärker und besser gegen Infektionen gewappnet.

Weitere Infos zum Thema Sport und Persönlichkeitsentwicklung finden Sie auf www.dirkschmidt.com. Unter dem Menüpunkt »Podcast« können Sie viele interessante Interviews u. a. mit »Fitnesspapst« Dr. Strunz abrufen. Sein Erfolgsprogramm steht auf drei Säulen. Laufen Sie sich jung: Täglich, am besten zehn Kilometer, wie ein Kind. Langsam, lächelnd, im Sauerstoffüberschuss. Damit Sie 1000 Prozent mehr Sauerstoff in Ihren Körper bekommen. Und 100 Prozent mehr in Ihr Gehirn. Das verjüngt Körper und Geist. Die zweite Säule: Essen Sie sich jung. Essen Sie wenigstens 50 Prozent Leben: Obst und Gemüse in seiner rohen Form. Und messen Sie die Frohwerte im Blut. Messen Sie Ihren Eiweißgehalt im Blut und Ihre Vitalstoffe. Und füllen Sie dann die leeren Tanks gezielt mit guten Präparaten aus der Apotheke auf. Denn 80 Prozent der Menschen leiden heute unter Vitalstoffmangel, weil in unserem Essen nichts mehr drin steckt. Die dritte Säule: Denken Sie sich jung. Stress raubt uns Lebensjahre. Und es gibt ganz einfache Entspannungstechniken, das Stresshormon Adrenalin in die Wüste zu schicken. Zum Beispiel: »Schultern fallen lassen und tief durchatmen.«

Punktgenau

Welche Sportart ist gut für mich?
Wann werde ich wie beginnen?

PAULS MOTIVATIONSTIPP:

DAS LEBEN BESTEHT IN DER BEWEGUNG.

Aristoteles

KAPITEL 13

PAULS TAGEBÜCHER

Gedächtnis ist das Tagebuch, das wir immer mit uns herumtragen.

Oscar Wilde

13.01 Pauls Tagebuch

Ihr Leben ist es wert, gelebt zu werden. Deshalb ist es auch wert, dokumentiert zu werden. Alle erfolgreichen Menschen führen deshalb eine Art Tagebuch oder Erfolgsjournal, um ihre Entwicklungen und Entscheidungen zu dokumentieren. Das Führen eines Tagebuches ist eines der wirkungsvollsten und dabei einfachsten Werkzeuge auf dem Weg zum Erfolg. Seine Kraft kommt einem Wunder gleich. Erfolge motivieren zu größeren Zielen. Wer seine Erfolge aufschreibt, erhöht dadurch sein Selbstwertgefühl. So werden Sie sich Ihrer Stärken bewusst und können diese effektiver einsetzen. Dadurch werden Sie WUNDERbare Augenblicke erleben.

Aus meiner Sicht ist ein Tagebuch die schnellste Möglichkeit, das eigene Selbstbewusstsein zu steigern. Es hilft Ihnen, sich Ihrer Stärken bewusster zu werden. Darüber hinaus steigert sich Ihr Wohlbefinden, wenn Sie z. B. vor dem Schlafengehen die positiven Ergebnisse schriftlich festhalten. Über die tiefere Bedeutung schriftlicher Notizen habe ich Sie bereits an anderer Stelle ausführlich informiert. Ihr persönliches Tagebuch sollte folgende Positionen enthalten:

1. Was ist Ihnen heute besonders gut gelungen?
2. Was war heute außergewöhnlich?
3. Was hat Ihnen heute besonders gut gefallen?
4. Welche Menschen waren Ihnen heute besonders wichtig?
5. Was haben Sie heute Besonderes gelernt?
6. Wen haben Sie heute besonders glücklich gemacht?
7. Was werde ich morgen erledigen?
8. Sind Sie heute Ihren Zielen ein Stück näher gekommen?

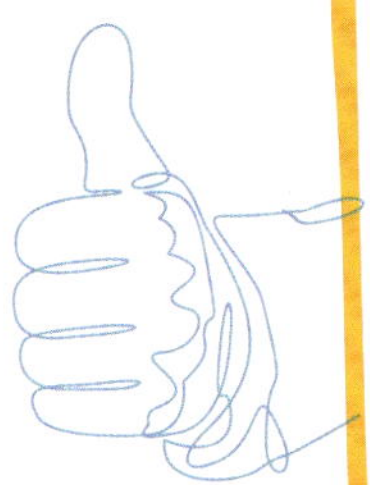

Besonders der achte Punkt in meiner täglichen Aufstellung ist für mich von größter Bedeutung. An allen wichtigen Stellen im Haus habe ich mir eine Frage aufgehängt:

Bringt mich das, was ich gerade tue, meinen Zielen näher?

Die besten Pläne nützen Ihnen allerdings nichts, wenn Sie sie nicht mit Leben füllen. Deshalb ist es wichtig, Aktions- und Maßnahmenpläne zu führen, in denen Sie Ihre geplanten Aktivitäten notieren. Hier schreiben Sie alle Aktivitäten auf und notieren dahinter, wann Sie was durchgeführt haben. Das hat nichts mit Kontrolle zu tun, sondern ist Teil der eigenen Motivation. Je mehr Punkte Sie auf Ihrer Liste abhaken, desto zufriedener werden Sie sein. Ihr Unterbewusstsein reagiert und leitet daraus ab, dass Sie ein fähiger, dynamischer Macher sind und dass Ihnen alles gelingt.

Punktgenau

Ich werde mein persönliches Erfolgstagebuch anlegen.

PAULS MOTIVATIONSTIPP:

DER PERFEKTE PLAN IST IMMER EINFACH.

13.02 Pauls Traumbuch

»Der nur das Leben träumt, kann mir nicht Leben geben. Und der es lebt, der nimmt mir meinen Traum. In uns allein ist Traum und Leben eines«, *lehrte der österreichische Schriftsteller Peter Altenberg. Ich würde die dahinter stehende Botschaft kurz und knapp so formulieren:*

»Lebe deinen Traum.«

Ein klares Bild zu haben von dem, was Sie wirklich wollen, ist das ganze Geheimnis erfolgreicher Visualisierung. Je intensiver Sie sich auf Ihren Wunsch fokussieren, desto eher halten Sie das Ergebnis buchstäblich in Ihren Händen. Dabei müssen es nicht nur die großen Wünsche und Ziele sein, auf die Sie sich konzentrieren. Auch bei den »kleinen« Dingen des Alltags funktioniert das ***»Wunschdenken«.*** Wenn Sie z. B. mit Ihrem Auto unterwegs sind und dringend einen Parkplatz benötigen, können Sie sich einen solchen »bestellen«. Je fester Sie daran glauben, dass Sie zum richtigen Zeitpunkt einen freien Parkplatz finden, desto sicherer wird genau das eintreten. Vielleicht haben Sie einen Schlüssel verlegt. Auch hier reicht es, sich vorzustellen, wie Sie diesen Schlüssel finden, und es dauert nicht lang, und Sie werden an die Fundstelle geführt. Es kann sogar sein, dass Ihre Wünsche teilweise unbewusst ablaufen. Sie pfeifen aus einer Laune heraus ein Lied und wenige Minuten später hören Sie es im Radio. Bei den Vorbereitungen zu meinen Seminaren erlebe ich es immer wieder, dass ich genau die Informationen bekomme, die ich zu dieser Zeit dringend benötige, ohne mich wirklich dafür anstrengen zu müssen.

Wenn Sie Ihr Wunschbild immer klar vor Augen haben, tritt es in Ihr Leben. Egal, wie groß und umfangreich Ihre Ziele auch sein mögen. Wenn Sie reich werden wollen, dann stellen Sie sich nicht ein Bündel Geldscheine vor. Damit kann Ihr Unterbewusstsein gar nichts anfangen. Stellen Sie sich die Dinge vor, die Sie mit dem Geld kaufen werden, dann weiß Ihr Unterbewusstsein, was es zu tun hat. So könnten Sie sich bereits im Besitz eines Hauses, eines schönen Autos oder Motorrads sehen. Noch einfacher wird es für Sie, wenn Sie z. B. ein Traumbuch anlegen, in das Sie zum einen Ihre Träume aufschreiben und zum anderen die Bilder mit Ihren Wünschen einkleben. Wann immer Sie die Gelegenheit dazu haben, nehmen Sie es zur Hand, um Ihre Visionen neu aufzutanken.

Mein Traumbuch

Traumhafte Familie

Traumhafte Beruf

Finanzielle Freiheit

Freizeit

Sport

Hobby

Traumhaus

Traumurlaub

Traumhafte Beziehungen

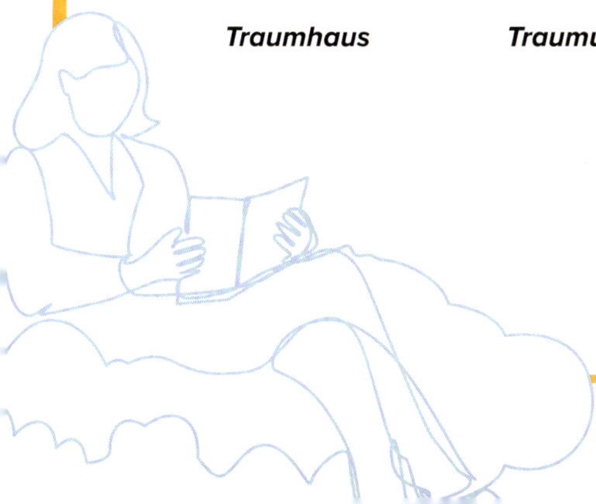

Unterteilen Sie Ihr Traumbuch in verschiedene Bereiche, zum Beispiel in Familie, Beruf, Geld, Freizeit, Sport, Hobby, Haus, Urlaub und Beziehungen. Dann suchen Sie sich ein passendes Bild, z. B. aus Zeitungen. Wichtig: Das Bild muss genau Ihrer Vorstellung entsprechen. Wenn Sie ein Haus wünschen, suchen Sie in Prospekten nach dem »richtigen« Haus. Sie können es noch einfacher haben. Gehen Sie in ein »Musterdorf«, stellen Sie sich neben das Haus Ihrer Wahl und bitten den Verkäufer, hiervon ein Foto zu machen. Versprechen Sie ihm, dass Sie bald wiederkommen, um Ihr Traumhaus in Auftrag zu geben. Das Foto kleben Sie in Ihr persönliches Bilderbuch.

Wann immer Sie Zeit haben, schauen Sie in Ihr Traumbuch. So versorgen Sie Ihr Unterbewusstsein mit klaren Botschaften.

13.03 Pauls Danke-Tagebuch

Legen Sie ein Danke-Tagebuch an, in das Sie täglich mindestens fünf kleine oder große Dinge schreiben, für die Sie dankbar sind! Sie werden dabei ganz neue Facetten Ihres Lebens wahrnehmen!

Dafür bin ich heute dankbar

1. ______________________________

____

____

2. ______________________________

____

____

3. ______________________________

____

____

4. ______________________________

____

____

5. ______________________________

____

____

13.04 Pauls Wunschbuch

Stellen Sie sich vor, eine Wunschfee käme zu Ihnen, um Ihnen mitzuteilen, dass Sie eine Wunschliste erstellen dürfen, und alle diese Wünsche werden in Erfüllung gehen. Wie würde Ihre Wunschliste aussehen? Schreiben Sie bitte alles auf, bewerten Sie nichts. Diese Liste »weckt« Ihre tiefsten Sehnsüchte.

Mein Wunschbuch

13.05 Pauls Gewohnheitstest

»Was du schwarz auf weiß besitzt, kannst du getrost nach Hause tragen«, heißt es schon in Goethes »Faust«. Oft erkennen wir erst durch das Niederschreiben unserer Gedanken und Gewohnheiten, womit wir uns täglich beschäftigen. Die folgende schriftliche Übung soll Ihnen helfen, sich Ihre Gewohnheiten bewusster zu machen.
Ich möchte Sie bitten, ein großes Kreuz auf ein DIN-A4-Blatt zu »malen«. In die linke Spalte schreiben Sie folgende Überschrift: »Meine ‚schlechten' Gewohnheiten«, in die rechte Spalte: »Meine ‚guten' Gewohnheiten«. Die guten Gewohnheiten müssen Sie natürlich nicht verändern. Deshalb wenden wir uns den schlechten zu. Nehmen Sie sich hierzu bitte jeden einzelnen Punkt vor und stellen Sie sich folgende Frage: ***»Wenn ich diese Gewohnheit für die nächsten fünf Jahre weiterlebe, was wird passieren?« »Bringt mich diese Gewohnheit meinen wichtigen Zielen näher oder hält sie mich davon ab, meine Ziele zu erreichen?«*** Wenn diese Gewohnheit Sie keinen Schritt weiterbringt, dann haben Sie zwei Möglichkeiten:

Change it oder leave it!

Schlechte Gewohnheiten aufzugeben, ist nicht so schwer. Jetzt erweitern Sie jetzt Ihre Liste um den Punkt ***»Was werde ich konkret tun, um diese schlechte Angewohnheit ins Positive umzuwandeln?«.*** Versehen Sie Ihre Antworten unbedingt mit einem fixen Termin. Üben Sie sich in Geduld. Alles braucht seine Zeit, wie auch der Bambus. Wer einen solchen pflanzt, braucht einen sehr langen Atem. Zunächst einmal werden die Sprossen unter der Erdoberfläche eingegraben. Danach wird die Stelle mit ein wenig Heu bedeckt und jeden Morgen gewässert. Nun ist es für jeden Gärtner eine Verpflichtung, die Stelle jeden Tag zu wässern. Nie vergessen sollte man dabei, jeden Morgen aufs Neue zu gießen, und das ganze vier Jahre lang! Vielleicht sind die Sprossen trotz aller Sorgfalt vertrocknet. Im anderen Fall, der sehr viel häufiger eintritt, bricht am Ende des vierten Jahres der Boden auf und die Bambussprossen schießen aus der Erde. Jetzt endlich wächst der Bambus der Sonne entgegen. In einer Nacht kann er bis zu einem Meter wachsen, in vier Wochen bis zu 20 Metern.

Punktgenau

Ich werde meine Gedanken in regelmäßigen Abständen schriftlich zu Papier bringen. Ich fange heute damit an.

PAULS MOTIVATIONSTIPP:

AHME DEN GANG DER NATUR NACH. IHR GEHEIMNIS IST GEDULD.

Ralph Waldo Emerson

KAPITEL 14

WAS ICH NOCH ZU SAGEN HÄTTE

Ob Sie glauben,
dass Sie eine Sache tun können,
oder ob Sie glauben,
dass Sie es nicht können,
Sie haben in jedem Fall recht.

Henry Ford

14.01 Sagen ist nicht tun

Ich möchte Ihnen an dieser Stelle meine Anerkennung aussprechen, weil Sie sich die Zeit genommen haben, dieses Buch bis zu dieser Stelle durchzulesen. Das ist sehr wichtig. Denn niemand wird erfolgreicher, nur weil er ein Buch besitzt. Erfolgreicher wird der, der z. B. meine Regeln aus diesem Buch anwendet. Auch Sie müssen es wirklich tun.
Der Weg zum Erfolg beginnt immer ganz unten und Sie müssen bereit sein, alles für Ihren Erfolg zu tun, jetzt und zu jeder Zeit. Denn ***TUN*** steht, von hinten gelesen, für ***NICHT UNNÖTIG TRÖDELN.***

Das und der feste Glaube an den eigenen Erfolg sind die wesentlichen Voraussetzungen zu einem Leben in Wohlstand, Freiheit und Glück.

Es grüßt Sie ganz herzlich

Ihr Paul

PS. Über Anregungen und Ihr Feedback freue ich mich. Wenn Sie Fragen haben oder mit mir in Kontakt treten möchten, erreichen Sie mich unter folgender Adresse:
www.dirkschmidt.com

Anfragen zu Vorträgen und Seminaren können auch auf diesem Weg erfolgen.

**ACHTE AUF DEINE GEDANKEN,
DENN SIE WERDEN WORTE.
ACHTE AUF DEINE WORTE,
DENN SIE WERDEN HANDLUNGEN.
ACHTE AUF DEINE HANDLUNGEN,
DENN SIE WERDEN GEWOHNHEITEN.
ACHTE AUF DEINE GEWOHNHEITEN,
DENN SIE WERDEN DEIN CHARAKTER.
ACHTE AUF DEINEN CHARAKTER,
DENN ER WIRD DEIN SCHICKSAL.**

Charles Reade

14.02 Quellenverzeichnis

1 www.amazon.de, Studie vom 10.6.2002
2 Psychotherapie, 22.9.2000, Psychopharmaka unnötig? Bei Depression ist Sport wirksamer als Antidepressiva
3 Deutsches Ärzteblatt, Nr. 31-32, 08/1996, Gehirn, hämodynamische, metabolische und psychische Aspekte
4 Gerald Hüther, Bedienungsanleitung für ein menschliches Gehirn, Göttingen 2006
5 TV Hören und Sehen 02/07, So motivieren Sie Ihr Gehirn, bis zum Ziel durchzuhalten
6 www.t-online.de, Zugriff vom 20.3.2007
7 Vanity Fair 10/07, Das Geheimnis des Erfolgs
8 Focus, 17.11.2006, Glück bewahrt vor Schnupfen
9 Vanity Fair 10/07, Das Geheimnis des Erfolgs
10 Antonio R. Damasio, Descartes' Irrtum, München 2001, S. 237
11 Gehirn und Geist 10/2006, Katja Gaschler: Spiegelneurone
12 Computerwoche, 19.1.2004, Motivation in deutschen Firmen lässt weiter nach
13 www.businessportal24.com/de/Motivation_Information_10407.html, Zugriff vom 12.3.2007
14 Die Welt, 18.2.2006, Die Zutaten zum Glück
15 Vanity Fair 10/07, Das Geheimnis des Erfolgs
16 Studie aus dem britischen Fachjournal »Nature«, Bd. 427, S. 352, vorgestellt von www.3sat.de am 22.1.2004
17 Welt der Wunder, Heft 04/07, Der Geheimcode unserer Stimme
18 BestLife, 6.10.2005, Kirsten Segler: Wellnes-Guide

ISBN 978-3-9825958-1-8

Umschlaggestaltung, Satz und Layout: Annika Jainta, AJGENART, www.ajgenart.de

Dirk Schmidt im Internet: www.dirkschmidt.com